Proyecto de la OCDE y del G-20 sobre la Erosión de la Base Imponible y el Traslado de Beneficios

Impedir la exclusión fraudulenta del estatus de establecimiento permanente, Acción 7 – Informe final 2015

Tanto este documento como cualquier mapa que se incluya en él no conllevan perjuicio alguno respecto al estatus o la soberanía de cualquier territorio, a la delimitación de fronteras y límites internacionales, ni al nombre de cualquier territorio, ciudad o área.

Por favor, cite esta publicación de la siguiente manera:
OCDE (2016), *Impedir la exclusión fraudulenta del estatus de establecimiento permanente, Acción 7 – Informe final 2015*, Proyecto de la OCDE y del G-20 sobre la Erosión de la Base Imponible y el Traslado de Beneficios, Éditions OCDE, Paris.
http://dx.doi.org/10.1787/9789264257757-es

ISBN 978-92-64-25774-0 (impresa)
ISBN 978-92-64-25775-7 (PDF)

Serie: Proyecto de la OCDE y del G-20 sobre la Erosión de la Base Imponible y el Traslado de Beneficios
ISSN 2415-6094 (impresa)
ISSN 2415-6108 (en linea)

Fotografías: Portada © ninog – Fotolia.com

Las erratas de las publicaciones de la OCDE se encuentran en línea en: *www.oecd.org/about/publishing/corrigenda.htm*.

Prefacio

Los problemas de fiscalidad internacional nunca habían ocupado un lugar tan prioritario en las agendas políticas como hoy en día. La integración de las economías y los mercados nacionales se ha intensificado de manera sustancial en los últimos años colocando, así, contra las cuerdas al sistema fiscal internacional, diseñado hace más de un siglo. Las normas actuales han dejado al descubierto una serie de puntos débiles que generan oportunidades para la erosión de las bases imponibles y el traslado de beneficios (BEPS, por sus siglas en inglés), lo que exige decisiones drásticas y determinación por parte de los responsables políticos con miras a restablecer la confianza en el sistema tributario internacional y asegurarse de que los beneficios tributen allí donde se desarrollen efectivamente las actividades económicas y se genere valor.

En septiembre de 2013, a raíz de la publicación del informe titulado *Lucha contra la erosión de la base imponible y el traslado de beneficios* en febrero de 2013, los países de la OCDE y del G-20 avalaron y adoptaron un Plan de Acción conformado por 15 líneas de actuación o «acciones» para dar respuesta a los problemas BEPS. Dicho Plan de acción y las 15 medidas que lo conforman giran en torno a tres *pilares* fundamentales: dotar de coherencia a las normas de Derecho interno que afectan a las actividades transfronterizas; reforzar el *criterio de actividad sustancial* contemplado por las normas internacionales en vigor y, por último, mejorar la transparencia y la seguridad jurídica.

Desde entonces, todos los países de la OCDE y del G-20 han trabajado de manera conjunta y en condiciones de igualdad, habiendo igualmente manifestado su postura y aportado sus puntos de vista la Comisión Europea a lo largo de todo el proceso atinente al Proyecto BEPS. Los países en desarrollo han participado extensa y activamente a través de diversos y diferentes mecanismos, incluida la participación directa en el Comité de Asuntos Fiscales (CAF). Adicionalmente, organismos fiscales regionales como el Foro Africano de Administración Tributaria (ATAF, por sus siglas en inglés), el Centro de Encuentros y Estudios de Dirigentes de Administraciones Fiscales (CREDAF, por sus siglas en francés) y el Centro Interamericano de Administraciones Tributarias (CIAT) se unieron a organizaciones internacionales tales como el Fondo Monetario Internacional (FMI), el Banco Mundial o Naciones Unidas (ONU) para contribuir a la labor desarrollada. Fruto de la consulta minuciosa a las partes interesadas, el Proyecto BEPS recibió en total más de 1.400 páginas de comentarios procedentes de organizaciones sectoriales y asociaciones empresariales, asesores, organizaciones no gubernamentales (ONG), docentes y otros representantes del sector académico, al igual que también se celebraron 14 consultas públicas retransmitidas en directo a través de la web, junto con la difusión de sesiones en forma de *webcasts,* a través de las cuales la Secretaría de la OCDE informaba periódicamente a los seguidores y respondía a preguntas.

La compleción de los informes correspondientes a las 15 medidas del *Plan de acción BEPS* ha requerido dos años de trabajo. Todos los resultados plasmados en los distintos informes, incluidos los apuntados en los informes provisionales presentados en 2014, han adquirido carácter definitivo y se han unificado dando lugar a un paquete de medidas integral. El Paquete de medidas BEPS representa la primera renovación sustancial de las normas y estándares fiscales internacionales en casi un siglo. Una vez las nuevas medidas comiencen a aplicarse, se espera conseguir que los beneficios se declaren allí donde se desarrollen las actividades económicas que los generan y se crea valor. Todas aquellas estrategias de planificación fiscal con fines claramente elusivos cimentadas sobre normas obsoletas o sustentadas por medidas internas mal coordinadas quedarán sin efecto.

En consecuencia, la implementación resulta clave en esta fase. El paquete de medidas BEPS se diseñó precisamente para ser implementado mediante cambios en la legislación y prácticas nacionales y en aplicación de las disposiciones contempladas en los convenios fiscales, existiendo negociaciones actualmente en curso para desarrollar un instrumento multilateral que se prevé concluyan en 2016. Asimismo, los países de la OCDE y del G-20 han acordado seguir trabajando conjuntamente a fin de garantizar la implementación sistemática y coordinada de las recomendaciones en materia de BEPS. La globalización exige soluciones comunes, así como también es preciso entablar un diálogo a escala mundial que trascienda los países de la OCDE y del G-20. A tal fin, los países de la OCDE y del G-20 diseñarán y propondrán en 2016 un marco inclusivo de seguimiento, contando para ello con la participación de todos los países interesados en condiciones de igualdad.

A priori, una mejor comprensión acerca de la aplicación práctica de las recomendaciones en materia de BEPS podría disipar equívocos y dirimir controversias entre los distintos gobiernos, por lo que un mayor énfasis en temas como la implementación y administración tributaria debería resultar mutuamente beneficioso para administraciones públicas y empresas. Por último, las mejoras propuestas en materia de recopilación y análisis de datos permitirán llevar a cabo una evaluación permanente del impacto en términos cuantitativos no sólo del fenómeno BEPS, sino también de las medidas antielusivas desarrolladas en el marco del Proyecto BEPS.

Índice

Siglas y abreviaturas

BEPS	Erosión de la base imponible y el traslado de beneficios *(Base erosion and profit shifting)*
EP	Establecimiento permanente
MC OCDE	Modelo de Convenio de la OCDE
OCDE	Organización para la cooperación y el desarrollo económicos
PPT	Propósitos principales

Resumen ejecutivo

Por lo general, los convenios fiscales establecen que los beneficios empresariales de empresas extranjeras son susceptibles de someterse a gravamen en un determinado Estado únicamente cuando dicha empresa cuente con un establecimiento permanente (EP), ubicado en ese mismo territorio, al que resulten imputables dichos beneficios. En consecuencia, la definición del concepto de «establecimiento permanente» en los convenios es de vital importancia de cara a determinar si las rentas obtenidas por una empresa no residente han de tributar en otro Estado.

El *Plan de Acción contra la erosión de la base imponible y el traslado de beneficios* (Plan de Acción BEPS, OCDE, 2013a) subrayaba la necesidad de actualizar dicha definición de cara a evitar el uso de ciertas estrategias comunes con fines elusivos a las que se recurre, en la actualidad, para eludir el alcance previsto de la definición de EP en vigor, representadas, por ejemplo, por mecanismos en virtud de los cuales los contribuyentes sustituyen a las filiales que venían actuando como distribuidoras por contratos de *comisionista* y conducentes al traslado de los beneficios fuera del país en el que se efectuaban las ventas sin que tuviera lugar una modificación sustancial de las funciones desempeñadas en ese país. Adicionalmente, es necesario modificar la definición de EP para impedir que determinadas actividades puedan acogerse a las excepciones específicas incluidas en la definición de EP que actualmente prevé el apartado 4 del artículo 5 del Modelo de Convenio de la OCDE (en lo sucesivo, «MC OCDE», 2014), un tema de particular importancia en el ámbito de la economía digital.

El presente informe presenta las modificaciones de la definición de EP que se introducirán en el artículo 5 del MC OCDE, ampliamente utilizado como base para la negociación de convenios fiscales, resultantes del trabajo realizado bajo la Acción 7 del Plan de Acción BEPS.

Además de las modificaciones a los convenios fiscales propuestas en el informe de la Acción 6 (*Impedir la utilización abusiva de convenios fiscales*, OCDE, 2016a), los cambios recomendados en este informe restablecerán en un gran número de casos el sometimiento a gravamen de las rentas de fuente extranjera que, de lo contrario, no tributarían o lo harían a tipos excesivamente bajos atendiendo a las disposiciones de los convenios fiscales. Tomadas en conjunto, estas modificaciones de los convenios fiscales permitirán a los distintos países abordar las preocupaciones BEPS derivadas de dichos convenios, aspecto clave de los trabajos y tareas encomendados por el Plan de Acción BEPS.

La elusión artificiosa del estatus de EP a través de contratos de *comisionista* y estrategias análogas

Un contrato de comisión puede definirse en términos generales como un acuerdo a través del cual una persona vende productos en un Estado en su propio nombre, aunque por cuenta de una empresa extranjera que es la verdadera propietaria de dichos productos. Gracias a dicho contrato, una empresa extranjera puede vender sus productos en un Estado sin contar, técnicamente, con un establecimiento permanente propiamente dicho al que puedan imputarse dichas ventas a efectos fiscales, no teniendo que tributar, en consecuencia, en dicho Estado por los beneficios generados por las mismas. Debido a que la persona que realiza las ventas no es el propietario de los productos objeto de intercambio, ésta no puede verse sometida a gravamen por las rentas obtenidas con dichas ventas, pudiendo eventualmente tener que tributar tan sólo por la retribución y/o contraprestación que percibe a cambio de sus servicios (generalmente, una comisión). Una empresa extranjera que recurre a un contrato de comisión no dispone de un establecimiento permanente debido a que puede evitar la aplicación de lo previsto en el apartado 5 del artículo 5 del MC OCDE, en la medida en que los contratos celebrados por la persona que actúa en calidad de *comisionista* no sean vinculantes para la empresa extranjera. Si bien el apartado y artículo antes mencionados se remiten a la celebración formal de los contratos en nombre de la empresa extranjera, es posible impedir la aplicación de dichas disposiciones modificando las condiciones contractuales sin llevar a cabo cambios sustanciales a las funciones o actividades desarrolladas en un Estado. Los contratos de comisión han suscitado una enorme preocupación por parte de las Administraciones tributarias de numerosos países, tal y como lo demuestra el número de casos relativos a dichos contratos que han sido objeto de litigios y controversias en países de la OCDE. En la mayoría de los casos debatidos en los Tribunales de Justicia, se desestimaron los argumentos esgrimidos por las Administraciones tributarias afectadas.

Estrategias análogas que persiguen evitar la aplicación del apartado 5 del artículo 5 MC OCDE hacen referencia a situaciones en las que los contratos se negocian fundamentalmente en un Estado, pero se celebran o autorizan en el extranjero, o bien cuando la persona que ejerce habitualmente los poderes que le facultan para celebrar contratos actúa como «agente independiente», al que le resulta aplicable la excepción prevista en el apartado 6 del artículo 5, aun cuando sea parte estrechamente relacionada de la empresa extranjera por cuenta de la que actúa.

En términos de política tributaria, cuando las actividades que realiza un intermediario en un país tienen como finalidad la celebración habitual de contratos que generarán obligaciones que habrá de cumplir una empresa extranjera, habrá que considerar que esta empresa tiene un nexo suficiente que justifica su imposición tributaria en ese país, a menos que el intermediario realice esas actividades en el marco de una actividad independiente. Tanto los cambios incorporados a los apartados 5 y 6 del artículo 5 del MC OCDE como los Comentarios detallados sobre los mismos y que están incluidos en el apartado A del informe giran en torno a los contratos de comisión y estrategias similares, asegurándose de que la redacción de dichas disposiciones normativas refleje mejor esta política tributaria subyacente.

La exclusión fraudulenta del estatus del EP acogiéndose a las excepciones específicas de actividades del apartado 4 del artículo art. 5.

Cuando se introdujeron originariamente las excepciones a la definición de EP recogidas en el apartado 4 del artículo 5 del MC OCDE, se consideró que, generalmente, las actividades objeto de dichas excepciones tenían un carácter preparatorio o auxiliar.

No obstante, desde entonces se han producido cambios significativos e innovaciones en la forma de desarrollar una actividad empresarial, hecho descrito minuciosamente en el Informe relativo a la Acción 1 (*Abordar los desafíos fiscales de la economía digital*, OCDE, 2016b). En función de las circunstancias, las actividades antes consideradas meramente preparatorias o auxiliares pueden haberse convertido, a día de hoy, en actividades principales o funciones esenciales de determinadas empresas. Para asegurar que un determinado país pueda someter a gravamen las ganancias procedentes de las actividades principales o esenciales desarrolladas en su territorio, se ha modificado el apartado 4 del artículo 5, garantizándose así que toda excepción prevista en el mismo se limita a actividades de carácter preparatorio o auxiliar. Las modificaciones figuran en el apartado B del informe.

La preocupación ante el riesgo de erosión de la base imponible y el traslado de beneficios en relación con el apartado 4 del artículo 5 proviene también de lo que se conoce como «fragmentación de actividades». Dada la facilidad con que las empresas multinacionales pueden alterar sus estructuras para obtener ventajas fiscales, es importante aclarar que no es posible eludir el estatus de EP, fragmentando un negocio operativo y cohesionado en varias operaciones pequeñas para alegar que cada una de ellas está vinculada a actividades con un carácter meramente preparatorio o auxiliar a las que resultan aplicables las excepciones previstas en el apartado 4 del artículo 5. La norma contra la fragmentación propuesta en el apartado B abordará la preocupación por el riesgo de prácticas elusivas que conllevan a BEPS.

Otras estrategias para la elusión fraudulenta del estatus del EP

La excepción contemplada en el apartado 3 del artículo 5 del MC OCDE, aplicable a obras o proyectos de construcción o de instalación, ha dado lugar a abusos consistentes en el fraccionamiento de contratos entre empresas estrechamente relacionadas. La norma PPT o test de los propósitos principales, que se incorporará al texto del MC OCDE fruto de la adopción del informe sobre la Acción 6 (*Impedir la utilización abusiva de convenios fiscales*)[1], abordará las preocupaciones BEPS derivadas de dichos abusos. A modo de aclaración, el ejemplo que figura en la sección C del presente informe se añadirá a los Comentarios sobre la norma PPT. Por lo que respecta a los Estados que no cuentan con la capacidad de dar respuesta al problema a través de disposiciones antiabuso en la legislación interna, se incluirá una norma automática en los Comentarios con carácter de disposición normativa que deberá aparecer en aquellos convenios que no incluyan la norma PPT o bien como disposición alternativa a la que deberán recurrir los países especialmente preocupados por el problema del fraccionamiento de contratos.

Trabajo de seguimiento, incluidas las cuestiones relativas a la atribución de beneficios a los EP

Las modificaciones introducidas en la definición de EP incluidas en el presente informe formarán parte de los cambios propuestos para su inclusión en el instrumento multilateral en el que se plasmarán los resultados de los trabajos sobre los aspectos relativos a los convenios fiscales en el marco del Plan de Acción BEPS.

Por otra parte, con el objeto de proporcionar una mayor certeza sobre la determinación de los beneficios atribuibles a los EP a la luz de los cambios incluidos en este informe y teniendo en cuenta la necesidad de contar con orientaciones adicionales sobre atribución de beneficios a los EP, se llevará a cabo una labor de seguimiento sobre dicha materia en el marco de las actuaciones relacionadas con la Acción 7, con el fin de brindar la guía necesaria antes de finalizar el año 2016, fecha límite para la negociación del instrumento multilateral.

Introducción

1. A petición del G-20, la OCDE publicó en febrero de 2013, el informe *Lucha contra la Erosión de la Base Imponible y el Traslado de Beneficios* (el "Informe BEPS", OCDE, 2013b). El Informe BEPS identifica las causas fundamentales del fenómeno BEPS y señala que la planificación fiscal que da lugar a la erosión de bases imponibles y el traslado de beneficios tiene su origen en una combinación de estrategias coordinadas. El siguiente párrafo del Informe BEPS se refiere a la actual definición de establecimiento permanente, contenida en los convenios fiscales:

> "Desde hace mucho tiempo se ha admitido que el concepto de establecimiento permanente no sólo se refiere a una importante presencia física en el país correspondiente, sino también a situaciones en las que un no residente realiza actividades de negocios en el país correspondiente a través de un agente dependiente (de ahí las reglas que figuran en los párrafos 5 y 6 del artículo 5 del Modelo de Convenio de la OCDE). En la actualidad, cabe la posibilidad de participar activamente en la vida económica de otro país, por ejemplo, al realizar transacciones electrónicas con clientes que se encuentran en ese país, sin tener una presencia gravable en él (como una presencia física importante o un agente dependiente). En una era en la que los contribuyentes no residentes pueden obtener beneficios considerables mediante transacciones con clientes situados en otro país, cabe preguntarse si las reglas actuales permiten una distribución justa de los derechos de imposición sobre los beneficios empresariales, en particular cuando los beneficios obtenidos mediante esas transacciones no se gravan en país alguno".

2. A raíz del seguimiento del Informe BEPS, la OCDE publicó en julio de 2013 su Plan de Acción contra la Erosión de la Base Imponible y el Traslado de Beneficios (el Plan de Acción). El Plan de Acción BEPS identifica 15 acciones para luchar contra el fenómeno BEPS de manera integral y establece plazos para poner en práctica esas acciones. Aborda las estrategias de elusión relativas al concepto de establecimiento permanente de la siguiente manera:

> ***ii) Reinstaurar los efectos y beneficios plenos de los estándares internacionales***
>
> *[...]*
>
> ***La definición de establecimiento permanente (EP) debe ser revisada para impedir abusos.*** En muchos países, la interpretación de las normas de los convenios fiscales sobre EP en caso de agentes permite que los contratos para la venta de bienes de propiedad de una empresa extranjera sean negociados y concluidos dentro del país por vendedores de una filial local de dicha empresa extranjera, sin que los beneficios de estas ventas sean gravables en la misma medida que lo hubieran sido si las ventas se hubieran hecho por un distribuidor local. En muchos casos, esto ha llevado a las empresas a sustituir los mecanismos en virtud de los cuales la filial local tradicionalmente actuaba como distribuidor por "acuerdos de *comisionista*" que dan lugar a un traslado de los beneficios fuera del país donde las ventas se

llevan a cabo sin un cambio sustancial en las funciones desempeñadas en ese país. De manera similar, las multinacionales pueden fragmentar artificiosamente sus operaciones entre varias entidades del grupo para caracterizar ciertas actividades como preparatorias y auxiliares y así gozar de una excepción a las reglas de EP.

Acción 7 – ***Impedir la elusión artificiosa del estatus de EP***

Desarrollar modificaciones en la definición de EP para impedir la elusión artificiosa del estatus de EP en relación a la erosión de la base imponible y el traslado de beneficios, incluso mediante la utilización de acuerdos de comisionista y de las exenciones de actividad específica. Al trabajar en estas cuestiones, se abordarán también las relacionadas con la atribución de beneficios.

3. El Informe y el Plan de Acción BEPS reconocen la necesidad de modificar la actual definición de establecimiento permanente para luchar contra las estrategias de erosión de bases imponibles y traslación de beneficios. El Plan de Acción reconoce además que en un entorno fiscal internacional cambiante, una serie de países han expresado su preocupación por la manera en que los estándares internacionales en que se basan los convenios fiscales distribuyen la potestad tributaria entre el Estado de la fuente y el de residencia. El Plan de Acción indica que, si bien las acciones para luchar contra el fenómeno BEPS restablecerán la tributación en la fuente y en la residencia en varios casos en que las rentas transfronterizas quedarían exentas o se gravarían con tipos muy bajos, estas acciones no tienen como finalidad directa la reforma de los estándares internacionales vigentes sobre la atribución del derecho a gravar las rentas transfronterizas.

4. El presente informe incluye los cambios que se realizarán al artículo 5 del MC de la OCDE y sus Comentarios como resultado del trabajo desarrollado en el marco de la Acción 7 del Plan de Acción BEPS. Debe indicarse asimismo que estos cambios tienen solo naturaleza prospectiva y, como tal, no afectan a la interpretación de las disposiciones anteriores del MC OCDE y de los convenios fiscales en los cuales dichas disposiciones están incluidas, en especial en lo que se refiere a la interpretación de los apartados 4 y 5 del Artículo 5.

A. Elusión fraudulenta del estatus de EP mediante acuerdos de *comisionista* y estrategias similares

5. Un acuerdo de *comisionista* puede definirse en términos generales como un instrumento a través del cual una persona vende productos en un Estado en su propio nombre, aunque por cuenta de una empresa extranjera que es la verdadera propietaria de dichos productos. Gracias a dicho contrato, una empresa extranjera puede vender sus productos en un Estado sin contar con un establecimiento permanente propiamente dicho al que puedan atribuirse tales ventas a efectos fiscales, no teniendo que tributar, en consecuencia, en dicho Estado por los beneficios generados por las mismas. Debido a que el sujeto que realiza las ventas no es el propietario de los productos que son objeto del intercambio, éste no puede verse sometido a gravamen por las rentas obtenidas con dichas ventas, pudiendo eventualmente tener que tributar tan sólo por la retribución y/o contraprestación que percibe a cambio de sus servicios (generalmente, una comisión).

6. Cabe explicar las preocupaciones relativas a la erosión de bases imponibles y el traslado de beneficios que tienen su origen en los acuerdos de *comisionista* con el siguiente ejemplo, que se basa en una decisión judicial relativa a uno de esos acuerdos en la que se determinó que la empresa extranjera no tenía ningún establecimiento permanente:

- XCO es una empresa residente en el Estado X. Está especializada en la venta de productos médicos.
- Hasta el año 2000, YCO, una empresa residente en el Estado Y, vendía esos productos a clínicas y hospitales en el Estado Y. Las empresas XCO e YCO forman parte del mismo grupo multinacional.
- En el año 2000, el estatus de YCO pasa a ser de *comisionista* después de celebrarse un contrato de *comisionista* entre las dos empresas. Al tenor de lo pactado en el contrato, YCO transfiere a XCO su activo fijo, sus existencias y su cartera de clientes, y acuerda vender en el Estado Y los productos de XCO en su propio nombre, pero por cuenta y riesgo de XCO.
- Por consiguiente, los beneficios imponibles de YCO en el Estado Y se reducen considerablemente.

7. Las estrategias análogas que persiguen evitar la aplicación del apartado 5 del artículo 5 MC OCDE hacen referencia a situaciones en las que los contratos se negocian fundamentalmente en un Estado, pero se celebran o autorizan en el extranjero, o bien cuando la persona que ejerce habitualmente los poderes que le facultan para celebrar contratos actúa como «agente independiente», al que le resulta aplicable la excepción prevista en el apartado 6 del artículo 5, aun cuando sea una parte estrechamente relacionada de la empresa extranjera por cuenta de la que actúa.

8. Está claro que muchos casos de contratos de *comisionista* y de estrategias análogas se constituyeron fundamentalmente para erosionar la base imponible del Estado en el que las ventas tienen lugar. Los cambios en los textos de los apartados 5 y 6 del artículo 5 son, por tanto, necesarios para luchar contra dichas estrategias.

9. En términos de política tributaria, cuando las actividades que realiza un intermediario en un país tienen como finalidad la celebración habitual de contratos que generarán obligaciones que habrá de cumplir una empresa extranjera, habrá que considerar que esta empresa tiene un nexo suficiente que justifica su imposición tributaria en ese país, a menos que el intermediario realice esas actividades en el marco de una actividad independiente. Tanto los cambios incorporados a los apartados 5 y 6 del artículo 5 del MC OCDE, como los

Comentarios detallados que se incluyen más abajo abordarán los contratos de *comisionistas* y estrategias análogas, asegurándose de que la redacción de dichas disposiciones normativas refleje de mejor manera esta política. No obstante lo anterior, dichas modificaciones no tienen por objeto luchar contra las preocupaciones por la erosión de bases imponibles y el traslado de beneficios relativas a la transferencia de riesgos entre partes relacionadas a través de contratos de distribución de bajo riesgo. En estos contratos, las ventas generadas por los vendedores locales son atribuidas al contribuyente residente, que no es el caso que se persigue con los cambios a los apartados 5 y 6 del artículo 5. Dada esta diferencia, las preocupaciones de BEPS referidas a los contratos de distribución de bajo riesgo son abordadas de mejor forma a través del trabajo sobre la Acción 9 (Riesgos y Capital) del Plan de Acción BEPS.

CAMBIOS A LOS APARTADOS 5 Y 6 DEL ARTÍCULO 5

Sustituir los apartados 5 y 6 del artículo 5 por lo siguiente (los cambios en el texto existente del artículo 5 aparecen en ***cursiva y negrita*** *para las adiciones, y* ~~*tachadas*~~ *para las supresiones):*

5. No obstante lo dispuesto en los apartados 1 y 2, ***pero con sujeción a lo dispuesto en el párrafo 6***, cuando una persona ~~distinta de un agente independiente (al que será aplicable el apartado 6)~~ actúa ***en un Estado contratante*** por cuenta de una empresa y ~~tenga y ejerza habitualmente en un Estado contratante poderes que le faculten para concluir contratos en nombre de la empresa~~, ***de esta forma, habitualmente concluye contratos o habitualmente desempeña el rol principal que lleva a la conclusión de contratos que son rutinariamente celebrados sin modificación sustancial por parte de la empresa, y estos contratos son***

a) en nombre de la empresa, ***o***

b) para la transferencia del dominio, o la concesión de un derecho de uso, sobre bienes de propiedad de esa empresa, o sobre los que la empresa tiene un derecho de uso, o

c) para la prestación de servicios por esa empresa,

se considerará que esa empresa tiene un establecimiento permanente en ese Estado respecto a las actividades que dicha persona realice para la empresa, a menos que las actividades de esa persona se limiten a las mencionadas en el apartado 4 y que, de haber sido realizada mediante un lugar fijo de negocios, no hubieran determinado la consideración de dicho lugar fijo de negocios como un establecimiento permanente de acuerdo con las disposiciones de ese apartado.

6. ~~No se considera que una empresa tiene un establecimiento permanente en un Estado contratante por el mero hecho de que realice sus actividades en ese Estado por medio de un corredor, un *comisionista* general o cualquier otro agente independiente, siempre que dichas personas actúen dentro del marco ordinario de su actividad.~~

a) No se aplicará el apartado 5 cuando la persona que actúa en un Estado Contratante por cuenta de una empresa del otro Estado Contratante lleve a cabo actividades de negocios en el primer Estado mencionado como agente independiente y actúe para la empresa en el curso ordinario de esa actividad. No obstante, cuando una persona actúa exclusivamente o casi exclusivamente por cuenta de una empresa o de varias empresas estrechamente relacionadas, esa persona no se considerará un agente independiente en el sentido del presente apartado con respecto a esas empresas.

b) A los efectos de este artículo, una persona está estrechamente relacionada a una empresa si, en base a los hechos y circunstancias relevantes, una tiene control sobre la otra o ambas están bajo el control de las mismas personas o empresas.

En cualquier caso, una persona será considerada estrechamente relacionada a una empresa si una posee directa o indirectamente más del 50 por ciento del interés económico en la otra (o, en el caso de una sociedad, más del 50 por ciento del total de los derechos de voto y del valor de las acciones o de la participación en los beneficios en la sociedad) o si otra persona posee directamente o indirectamente más del 50 por ciento del interés económico (o, en el caso de una sociedad, más del 50 por ciento de los derechos de voto y del valor de las acciones o de la participación en los beneficios en la sociedad) en la persona y la empresa.

Cambios propuestos a los Comentarios del artículo 5

Sustituir los párrafos 31 a 39 de los Comentarios al artículo 5 por lo siguiente (los cambios en el texto existente de los Comentarios aparecen en ***cursiva y negrita*** para las adiciones, y ~~tachadas~~, para las supresiones):

Apartado 5

31. Generalmente, se acepta que una empresa tiene un establecimiento permanente en un Estado si hay una persona en ese Estado que actúa para la empresa en determinadas condiciones, aunque la empresa no disponga de un lugar fijo de negocios en ese Estado en el sentido de los apartados 1 y 2. Esta disposición tiene por objeto reconocer a tal Estado el derecho de gravamen en estos casos. El apartado 5 establece en qué condiciones se considera que la empresa tiene un establecimiento permanente respecto de las actividades de tal persona~~. El Convenio Modelo de 1977 dio una nueva redacción al apartado para precisar el sentido de la disposición correspondiente del Proyecto de Convenio de 1963, sin otra modificación de fondo que la relativa a la extensión de las actividades de la persona que se exceptúan.~~

32. Las personas cuyas actividades pueden constituir un establecimiento permanente de la empresa son ~~los "agentes por cuenta de la empresa" (agentes dependientes); esto es,~~ las personas, empleadas o no, que actúan ***por cuenta de la empresa y*** no lo ***hacen en el marco del ejercicio de un negocio como*** agentes independientes en los términos del apartado 6. Dichas personas pueden ser sociedades o personas físicas y no tienen por qué ser residentes ni poseer un lugar de negocios en el Estado donde operen por cuenta de la empresa. Hubiera sido contrario al interés de las relaciones económicas internacionales establecer que ~~cualquier persona que depende de la empresa~~ ***cualquier persona realizando actividades por cuenta de la empresa*** pudiera determinar la existencia de un establecimiento permanente de esta última. Tal solución debe reservarse a las personas que, ~~por el alcance de sus poderes o~~ por la naturaleza de sus actividades, implican a la empresa en actividades empresariales de cierta entidad en el Estado considerado. El apartado 5 se basa, por consiguiente, en la hipótesis de que de que solo las personas ***que habitualmente concluyen contratos en nombre de la empresa o que serán ejecutados por la empresa, o que habitualmente desempeñan el rol principal que lleva a la conclusión de contratos que son rutinariamente celebrados sin modificación sustancial por parte de la empresa***, ~~facultadas para concluir contratos~~ pueden constituir un establecimiento permanente de la empresa ~~de la que dependen~~. En tal caso, ***las actividades de la persona llevadas a cabo por cuenta de la empresa, dado que resultan de la celebración de dichos contratos y van más allá de la mera promoción o publicidad, son suficientes para concluir*** que la empresa participa en la actividad económica ~~tiene potestad suficiente para vincular~~ en el Estado considerado. El empleo del término "establecimiento permanente" en este contexto presupone, naturalmente, ***que la celebración de contratos*** por esa persona, ***o como resultado directo de las acciones de la misma***, ocurre ~~utiliza su potestad~~ repetidamente y no sólo en casos aislados.

32.1 Para que se aplique el apartado 5, deben concurrir las siguientes condiciones:

- ***Una persona ejerce actividades en un Estado contratante por cuenta de una empresa;***
- ***En dicho ejercicio, esa persona habitualmente concluye contratos, o desempeña el rol principal que lleva a la conclusión de contratos que son rutinariamente celebrados sin modificación sustancial por parte de la empresa; y***

- ***Estos contratos son en nombre de la empresa, o para la transferencia del dominio, o la concesión de un derecho de uso, sobre bienes de propiedad de esa empresa, o sobre los que la empresa tiene un derecho de uso, o para la prestación de servicios por esa empresa.***

32.2 No obstante, incluso concurriendo estas condiciones, el apartado 5 no será aplicable si las actividades por cuenta de la empresa están incluidas en la excepción del apartado 6 relativa al agente independiente, o si encajan dentro de las actividades mencionadas en el apartado 4, en el que se establece que, aunque se efectúen a través de un lugar fijo de negocios, no se considerará que han dado lugar a un establecimiento permanente. Esta última excepción se explica por el hecho de que en virtud del apartado 4, el mantenimiento de un lugar fijo de negocios con el mero propósito de llevar a cabo actividades preparatorias o auxiliares es considerado como no constitutivo de un establecimiento permanente, por lo que una persona cuyas actividades se limitan a dichos propósitos tampoco debe considerarse que da lugar a crear un establecimiento permanente. Cuando, por ejemplo, una persona realiza actividades exclusivamente como agente de compras para una empresa y, como tal, firma habitualmente contratos de compra en nombre de esa empresa, el apartado 5 no resultará aplicable, aun cuando esa persona no sea independiente de la empresa, en la medida en que dichas actividades sean preparatorias o auxiliares (véase párrafo 22.5 más arriba).

32.3 Una persona realiza actividades por cuenta de una empresa en un Estado contratante cuando esa persona implica a la empresa hasta cierto punto en las actividades empresariales desarrolladas en dicho Estado. Este será el caso, por ejemplo, de un agente que realiza actividades para un mandante, o de un socio cuando actúa para su sociedad de personas —partnership—, o cuando un director realiza actividades para una sociedad, o cuando un empleado actúa para su empleador. No puede sostenerse que una persona está actuando por cuenta de una empresa si la empresa no es afectada directa o indirectamente por la actividad realizada por dicha persona. Tal y como se indica en el párrafo 32, la persona que actúa por cuenta de una empresa puede ser una sociedad; en este caso, las actividades de los empleados y directores de dicha sociedad son tenidos en cuenta con el objeto de determinar si, y en qué medida, dicha sociedad actúa por cuenta de la empresa.

32.4 La frase "celebra contratos" se refiere a situaciones en las que, según la legislación contractual aplicable, un contrato se considera haber sido concluido por una persona. Un contrato puede ser concluido sin una activa negociación de los términos del mismo; este sería el caso, por ejemplo, en el que la legislación contractual aplicable indicase que un contrato es celebrado por una persona aceptando, por cuenta de la empresa, la oferta hecha por un tercero para celebrar un contrato estándar con la empresa. Asimismo, un contrato puede, bajo la legislación competente, ser celebrado en un Estado aunque ese contrato sea firmado fuera del mismo; por ejemplo, si la conclusión de un contrato resulta de la simple aceptación por una persona que realiza actividades por cuenta de una empresa, de una oferta formulada por un tercero para la celebración de un contrato, no es relevante que el contrato se firme fuera de ese Estado. Además, si una persona negocia en un Estado todos los elementos y detalles de un contrato que vincula a una empresa, puede sostenerse que se ha concluido el contrato en dicho Estado, aunque dicho contrato sea firmado por otra persona fuera de ese Estado.

32.5 La frase "o habitualmente desempeña el rol principal que lleva a la conclusión de contratos que son rutinariamente celebrados sin modificación sustancial por parte de la empresa" tiene como objetivo situaciones en las que la conclusión de un contrato directamente resulta de las gestiones que la persona lleva a cabo en un Estado contratante por cuenta de la empresa aunque, bajo la legislación competente, el contrato no está concluido por esa persona en ese Estado. Mientras que la frase "celebra contratos" implica un test relativamente bien conocido a la luz de la legislación contractual, se consideró necesario complementarlo con un test enfocado en actividades sustantivas que tienen lugar en un Estado, para abordar los casos en los que la celebración de contratos es claramente

el resultado directo de dichas actividades aunque las reglas aplicables de la legislación contractual disponga que técnicamente la conclusión de un contrato tiene lugar fuera de ese Estado. La frase debe ser interpretada a la luz del objeto y fin del apartado 5, que es cubrir casos en que las actividades que una persona lleva a cabo en un Estado tienen por finalidad la celebración habitual de contratos a ejecutar por la empresa extranjera, i.e. cuando dicha persona actúe como vendedor de la empresa. El rol principal que lleva a la conclusión de contratos estará, por tanto, típicamente asociado con las gestiones de la persona que convenció al tercero a celebrar dicho contrato con la empresa. La frase se aplica, por ejemplo, a una persona que ofrece y recibe (pero no finaliza formalmente) órdenes de compra que son enviadas directamente al almacén desde el cual los bienes de propiedad de la empresa son entregados y en donde la empresa rutinariamente aprueba dichas transacciones. No se aplica, sin embargo, cuando una persona meramente promociona y anuncia bienes y servicios de una empresa de tal manera que de ello no resulta directamente la celebración de contratos. Cuando, por ejemplo, representantes de una empresa farmacéutica promocionan activamente medicamentos producidos por esa empresa, contactando médicos que después prescriben dichos medicamentos, esa actividad promocional no implica directamente la conclusión de contratos entre los médicos y la empresa de modo que dicho apartado no se aplica aunque las ventas de dichos medicamentos pudieran incrementarse significativamente como resultado de la actividad promocional.

32.6 El siguiente es otro ejemplo que ilustra la aplicación del apartado 5, RCO, sociedad residente en el estado R, distribuye varios productos y servicios en todo el mundo a través de sus sitios web. SCO, sociedad residente en el estado S, es una filial de propiedad exclusiva de RCO. Los empleados de SCO envían correos electrónicos, realizan llamadas de teléfono o visitan grandes organizaciones para convencerlas de que compren productos y servicios a RCO y son, por tanto, los responsables de grandes cuentas en el Estado S. Los empleados de SCO, cuya remuneración se basa parcialmente en la renta obtenida por RCO de los titulares de dichas cuentas, usan sus habilidades de fomento y desarrollo de relaciones para intentar anticipar las necesidades de esos titulares de cuenta y convencerles para que adquieran dichos productos y servicios ofrecidos por RCO. Cuando uno de dichos titulares de cuentas es convencido por un empleado de SCO para comprar una cantidad de bienes y servicios, el empleado indica el precio que se pagará por dicha cantidad, señala que se debe firmar un contrato en línea con RCO, antes de que los bienes o servicios puedan ser prestados por RCO, y explica los términos estándar de los contratos de RCO, incluyendo la composición del precio fijo usado por RCO, precio que no puede ser modificado por el empleado, por falta de autorización. El titular de la cuenta posteriormente firma dicho contrato en línea por la cantidad negociada con el empleado de SCO y de acuerdo con la composición del precio presentada por dicho empleado. En este ejemplo, los empleados de SCO desempeñan el rol principal que lleva a la conclusión del contrato entre el titular de la cuenta y RCO y dichos contratos son rutinariamente concluidos sin una modificación sustancial por parte de la empresa. El hecho de que los empleados de SCO no puedan modificar los términos de dichos contratos no significa que la celebración de los contratos no sea resultado directo de las actividades que ellos ejecutan por cuenta de la empresa, convenciendo al titular de la cuenta para aceptar esos términos estándar, siendo el elemento crucial que lleva a la conclusión de los contratos entre el titular de la cuenta y RCO.

32.7 Los términos de los subapartados a), b) y c) aseguran que el apartado 5 se aplica no sólo a contratos que crean derechos y obligaciones que legalmente son ejecutables entre la empresa por cuenta de la cual la persona actúa y los terceros con los cuales dichos contratos son concluidos, sino también a contratos que crean obligaciones que serán cumplidas efectivamente por dicha empresa en lugar de la persona contractualmente obligada a ello.

32.8 Un caso típico contemplado por estos subapartados consiste en los contratos concluidos con clientes por un agente, un asociado o empleado de una empresa de modo que crean derechos y obligaciones legalmente exigibles entre la empresa y dichos clientes.

Estos subapartados también contemplan casos en los que los contratos celebrados por una persona que actúa por cuenta de una empresa no vinculan legalmente a dicha empresa con terceros con quien dichos contratos son concluidos, pero son contratos destinados a la transferencia del dominio, o por la concesión del derecho de uso, de bienes de propiedad de la empresa o que ésta tiene el derecho a usar, o para la prestación de servicios por ésta. Un ejemplo característico serían los contratos que un comisionista celebra con terceros, en el marco de un acuerdo de comisionista con una empresa extranjera en virtud del cual este comisionista actuando por cuenta de la empresa, concluye a nombre propio contratos que no crean derechos ni obligaciones legalmente exigibles entre la empresa extranjera y los terceros, incluso cuando, como resultado del acuerdo entre el comisionista y la empresa extranjera, la empresa extranjera sea la que transfiera directamente a esos terceros el dominio o conceda el uso de los bienes que le pertenecen o que tiene derecho a usar.

32.9 La referencia a contratos "en nombre de" del subapartado a) no restringe la aplicación del subapartado a contratos que son en nombre de la empresa literalmente; pueden aplicarse, por ejemplo, a ciertas situaciones en las que el nombre de la empresa es reservado en un contrato por escrito.

32.10 La condición esencial para la aplicación de los subapartados b) y c) es que la persona que habitualmente concluye los contratos, o que habitualmente desempeña el rol principal que lleva a la conclusión de contratos que son rutinariamente celebrados sin modificación sustancial por parte de la empresa, es actuar por cuenta de la empresa de tal manera que las partes de los contratos relativos a la transferencia del dominio o la concesión del uso, o la prestación de servicios será ejecutada por la propia empresa y no por la persona que actúa por cuenta de la empresa.

32.11 A los efectos del subapartado b), no importa si los correspondientes bienes existían o eran propiedad de la empresa en el momento de la celebración de los contratos entre la persona que actúa para la empresa y los terceros. Por ejemplo, una persona que actúa por cuenta de una empresa puede perfectamente vender bienes que la empresa producirá subsecuentemente antes de la entrega directa a los clientes. También, la referencia a los "bienes" comprende cualquier tipo de bienes tangibles o intangibles.

32.12 Los casos en los que el apartado 5 se aplica deben diferenciarse de las situaciones en las que una persona celebra contratos en su propio nombre y, para ejecutar las obligaciones derivadas de dichos contratos, obtiene bienes o servicios de otras empresas o contrata a otras empresas para entregar dichos bienes o servicios. En dichos casos, la persona no está actuando "por cuenta" de dichas empresas y los contratos concluidos por la persona no son en nombre de esas empresas ni implican la transferencia a terceros del dominio o la concesión del derecho de uso de bienes que esas empresas poseen o tienen o la prestación de servicios por parte de estas otras empresas. Por ejemplo, cuando una sociedad actúa como distribuidor de productos en un mercado en concreto y, así, vende a clientes productos que compra de una empresa (incluyendo de una empresa relacionada), nunca actúa por cuenta de esa empresa, ni tampoco vende bienes que son propiedad de esa empresa ya que los bienes vendidos a los clientes pertenecen al distribuidor. Esto sería también el caso de un distribuidor que actúa como un denominado "distribuidor de bajo riesgo" (y no, por ejemplo, como agente) pero sólo si la transferencia del título de la propiedad vendida como distribuidor de "bajo riesgo" pasa de la empresa al distribuidor y del distribuidor al cliente (indiferentemente del tiempo en que el distribuidor fue propietario del producto vendido) de modo que el distribuidor obtendría una ganancia por la venta, y no una remuneración, por ejemplo, en forma de comisión.

~~32.1 Además, la frase "poderes que la faculten para concluir contratos en nombre de la empresa" no limita la aplicación del apartado a un agente que suscriba contratos literalmente en nombre de la empresa; el apartado se aplica asimismo a un agente que concluye contratos que son vinculantes para la empresa, aunque no se establezcan en nombre de la empresa. La~~

~~ausencia de una participación activa de la empresa en las operaciones puede significar que ha delegado en un agente. Por ejemplo, se puede considerar que un agente posee el poder efectivo para concluir contratos cuando solicita y recibe los pedidos (sin formalizarlos) que son enviados directamente a un almacén en el que se efectúa la entrega de mercancías y cuando la empresa extranjera aprueba las operaciones de forma rutinaria.~~

33. ***Los*** ~~La potestad para suscribir~~ contratos ***referidos en el apartado 5*** ~~debe~~ ***comprenden*** aquellos que se refieren a las operaciones que constituyen la actividad propia de la empresa. Es irrelevante que la persona ~~tenga potestad~~, por ejemplo, ~~para contratar~~ ~~***personal***~~ ***celebra contratos laborales*** para la empresa con objeto de asistirle en las actividades que efectúa para la misma o que ***celebrase*** ~~esté autorizada para realizar~~, en nombre de ella, contratos análogos relativos exclusivamente a operaciones internas. Además, ~~los poderes deben ser~~ ~~***ejercidos***~~ ***si una persona habitualmente concluye contratos*** ~~en el otro Estado~~ ***o si habitualmente desempeña el rol principal que lleva a la conclusión de contratos que son rutinariamente celebrados sin una modificación sustancial por parte de la empresa***; si ese es o no el caso se determinará en función de la situación comercial real. ~~Una persona autorizada para negociar todos los elementos y detalles de un contrato que obligue a la empresa puede considerarse que ejerce su autoridad "en ese Estado", incluso si el contrato es firmado por otra persona en el Estado en que la empresa esté situada o si aquella persona no tuviera un poder formal de representación. Sin embargo~~ El mero hecho de que una persona haya asistido e incluso participado en negociaciones en un Estado entre una empresa y un cliente no será suficiente, por sí mismo, para llevar a concluir que aquella persona ha ~~ejercido en ese Estado una potestad para~~ ***concluido*** contratos ~~en nombre de la empresa~~ ***o desempeñado el rol principal que lleva a la conclusión de contratos que son rutinariamente celebrados sin modificación sustancial por parte de la empresa***. Ahora bien, el hecho de que una persona haya asistido o incluso participado en esa índole de negociaciones podría ser un factor relevante a la hora de determinar con precisión las funciones llevadas a cabo por esa persona por cuenta de la empresa. ~~Puesto que, en virtud del apartado 4, el mantenimiento de un lugar fijo de negocios que se limite a los fines mencionados en dicho apartado se considera que no constituye un establecimiento permanente, una persona cuyas actividades se limiten a los mismos fines tampoco constituye un establecimiento permanente.~~

33.1 El criterio de que un agente ha de ~~ejercer~~ "habitualmente" ~~poderes para~~ concluir contratos ***o desempeñar el rol principal que lleva a la conclusión de contratos que son rutinariamente celebrados sin modificación sustancial por parte de la empresa,*** se sustenta en el principio implícito en el artículo 5, según el cual la presencia de una empresa en un Estado contratante no debe ser de carácter meramente transitorio para poder considerar que mantiene ahí un establecimiento permanente y, por tanto, que su presencia justifica la obligación de tributar en ese Estado. El alcance y la frecuencia de la actividad necesarios para concluir que el agente "~~ejerce~~ habitualmente" ~~su potestad~~ ***concluye contratos o desempeña el rol principal que lleva a la conclusión de contratos que son rutinariamente celebrados sin modificación sustancial por parte de la empresa,*** dependerán de la naturaleza de los contratos y de las actividades que desarrolle la empresa a la que representa. No es posible establecer una regla precisa para estimar la frecuencia. No obstante, esta determinación se puede realizar con el mismo tipo de factores mencionados en el párrafo 6.

34. Una vez se cumplan las condiciones establecidas en el apartado 5, existirá un establecimiento permanente de la empresa en todo lo que la persona actúe por cuenta de esta, es decir, no solamente en la medida en que dicha persona ~~ejerza la autoridad para~~ concluye contratos ***o desempeña el rol principal que lleva a la conclusión de contratos que son rutinariamente celebrados sin modificación sustancial por parte de la empresa*** ~~contratar en nombre de la empresa~~.

35. Según los términos del apartado 5, solamente las personas que cumplan las condiciones estipuladas pueden constituir un establecimiento permanente, con exclusión de cualesquiera otras. Sin embargo, conviene tener en cuenta que el apartado 5 se limita a establecer un criterio alternativo para determinar si una empresa tiene un establecimiento permanente en un Estado.

Si puede demostrarse que la empresa tiene un establecimiento permanente en el sentido de los apartados 1 y 2 (sin perjuicio de lo dispuesto por el apartado 4), no será necesario demostrar que la persona autorizada cumple las condiciones del apartado 5.

35.1 Mientras que uno de los efectos típicos del apartado 5 será que los derechos y obligaciones resultantes de los contratos a los que se refiere el mismo serán asignados al establecimiento permanente resultante de dicho apartado (véase el párrafo 21 de los Comentarios al artículo 7), es importante resaltar que esto no significa que la totalidad de los beneficios resultantes de la ejecución de dichos contratos deban ser atribuidos al establecimiento permanente. La determinación de los beneficios atribuibles al establecimiento permanente resultantes de la aplicación del apartado 5 será regulada por las normas del artículo 7; obviamente, esto requerirá que las actividades realizadas por otras empresas, y por el resto de la empresa a la que el establecimiento permanente pertenece, sean adecuadamente remuneradas, de modo que los beneficios atribuibles al establecimiento permanente de acuerdo con el artículo 7 son solo aquellos que el establecimiento permanente habría obtenido si fuese una empresa separada e independiente realizando las actividades que el apartado 5 le asigna.

Apartado 6

36. Una empresa de un Estado contratante, que realice operaciones empresariales por medio de ~~un corredor, un *comisionista* general o cualquier otro agente~~ ***un agente*** independiente ***ejerciendo su actividad económica como tal***, no puede someterse a imposición en el otro Estado contratante por razón de tales operaciones si el agente actúa en el ejercicio normal de ~~su~~ ***dicha*** actividad (véase el párrafo 32 anterior). ~~Aunque es evidente que~~ ***Las actividades de*** dicho agente, ***no deberían dar lugar*** ~~constituir~~ a un establecimiento permanente de la empresa extranjera, ya que es por sí mismo una empresa distinta e independiente. ~~se ha incluido el apartado 6 en el artículo a efectos de conseguir una mayor claridad.~~

~~37. Las disposiciones del apartado 6 sólo serán aplicables a una persona y, por consiguiente, esta última no constituirá establecimiento permanente de la empresa por cuya cuenta actúe, si:~~

- ~~es independiente de la empresa, jurídica y económicamente, y~~
- ~~actúa en el ejercicio normal de su actividad cuando lo hace por cuenta de la empresa.~~

37. La excepción del apartado 6 sólo se aplica cuando una persona actúa por cuenta de una empresa en el ejercicio de una actividad económica como agente independiente. Por tanto, no se aplicaría cuando una persona actúa por cuenta de una empresa en una capacidad distinta, por ejemplo, cuando un empleado actúa por cuenta de su empleador o un asociado actúa por cuenta de la sociedad —partnership— a la que pertenece. Como se explica en el párrafo 8.1 de los Comentarios al artículo 15, a veces es difícil determinar si los servicios prestados por una persona física constituyen servicios derivados del trabajo personal o servicios prestados por una empresa independiente, siendo la orientación de los párrafos 8.2 a 8.28 de los Comentarios al art. 15 pertinentes a dicho propósito. Cuando una persona física actúa por cuenta de una empresa en el ejercicio de su propia actividad económica y no como empleado, la aplicación del apartado 6 requerirá de todos modos que la persona física lleve a cabo dicha actividad como agente independiente; como se explica en el párrafo 38.7 más abajo, el estatus de independiente será menos probable, si las actividades de esa persona física son realizadas exclusivamente o casi exclusivamente por cuenta de una empresa o empresas estrechamente relacionadas.

38. La determinación de que una persona ***actuando como agente es independiente*** o no de la empresa representada, dependerá del alcance de sus obligaciones con la empresa. Si las actividades empresariales que la persona realiza para la empresa están sometidas a instrucciones detalladas o a un control global, esta persona no puede considerarse independiente de la empresa. Otro criterio importante consistirá en determinar si el riesgo empresarial debe ser soportado por la persona o por la empresa que representa. ***En todo caso, la última frase del subapartado a) del apartado 6 establece que en determinadas circunstancias una persona***

no se considerará agente independiente (véanse párrafos 38.6 a 38.11 más abajo). ~~38.2~~ ***Las siguientes consideraciones deberían ser tomadas en cuenta cuando se determina si un agente, a quien la última frase no se aplica, puede ser considerado independiente.***

38.1 Es conveniente tener en cuenta, ***en el caso en que la última frase del subapartado a) del apartado 6 no se aplica porque la filial no actúa exclusivamente o casi exclusivamente para empresas estrechamente relacionadas,*** que el control ejercido por la matriz sobre su filial como accionista no es relevante para determinar la dependencia o independencia de la subsidiaria como agente de la matriz. Esto es coherente con la regla establecida en el apartado 7 del artículo 5 (Véase también párrafo 38.11 más abajo). ~~Pero, como se indica en el párrafo 41 de los Comentarios al artículo 5, la subsidiaria puede ser considerada como un agente dependiente de su matriz aplicándole los mismos criterios que a las sociedades sin ninguna vinculación.~~

38.*2*~~3~~ Un agente independiente es normalmente responsable de los resultados de su trabajo ante la empresa a la que representa, sin que ello implique que esté sometido a un control importante sobre la forma en que lo efectúa. No se halla sometido a instrucciones precisas de la empresa en cuanto a la marcha del trabajo. El hecho de que la empresa confíe en las competencias y conocimientos específicos del agente es indicativo de la independencia de este.

38.*3*~~4~~ Es evidente que las limitaciones en cuanto a la envergadura de las actividades que puede realizar afectan claramente al alcance de los poderes del agente. No obstante, estas limitaciones no se relacionan con aquella dependencia que viene determinada por el margen de libertad del que dispone el agente en la realización de operaciones por cuenta del principal, dentro de los límites de los poderes que le confiere el acuerdo.

38.*4*~~5~~ La ejecución de un acuerdo puede caracterizarse por el hecho de que un agente va a aportar una información sustancial a una empresa a la que representa sobre la actividad comercial realizada en virtud del citado acuerdo. Este hecho no constituye por sí solo un criterio suficiente para determinar que se trata de un agente dependiente, a menos que la información se suministre con el fin de recabar la aprobación de la empresa respecto a la forma en que va a llevarse a cabo la actividad. El suministro de información con el único fin de garantizar el buen funcionamiento del acuerdo y la fluidez de las relaciones con la empresa no es un indicio de dependencia.

38.*5*~~6~~ El número de empresas que el agente representa es otro factor a tener en cuenta para determinar la dependencia de dicho agente. Es poco probable que se pueda establecer la independencia del agente si sus actividades las realiza exclusivamente, o casi, por cuenta de una única empresa durante todo el ciclo vital del negocio o durante un largo período de tiempo. No obstante, este hecho no es determinante por sí solo. Deben tenerse en cuenta todos los hechos y circunstancias para determinar si las actividades del agente constituyen un negocio autónomo que él dirige y en cuyo marco asume los riesgos, percibiendo una remuneración por la utilización de sus competencias y conocimientos empresariales. Cuando un agente actúa por cuenta de varias empresas en el ejercicio normal de sus funciones y ninguna de ellas ocupa una posición predominante en las operaciones que realiza el agente, se puede deducir que existe dependencia jurídica si las empresas representadas actúan de común acuerdo para controlar las actuaciones del agente en el desarrollo de las operaciones que realiza en su nombre.

38.*6*~~7~~ ***Un agente independiente*** no puede decirse que ~~una persona~~ actúa en el ejercicio normal ***de su*** actividad económica ***como tal cuando realiza actividades que no están relacionadas con el negocio de un agente.*** ~~si, en sustitución de la empresa, realiza actos que, desde el punto de vista económico, entran más en la esfera de la empresa que en la de sus propias actividades empresariales.~~ Si, por ejemplo, una ~~*comisionista* no se limita a vender los bienes o mercancías de la empresa en nombre propio,~~ sino ~~que además actúa habitualmente respecto de la empresa como agente permanente con poderes para suscribir contratos, tendrá la consideración de establecimiento permanente respecto de esa actividad concreta, ya que en tal caso está actuando fuera del ejercicio normal de su propia actividad comercial (esto es, la de un *comisionista*), salvo que sus actividades se limiten a las mencionadas al final del~~

~~apartado 5.~~ ***sociedad que actúa como distribuidora para un número de sociedades respecto de las que no está estrechamente relacionada, también actúa como agente para una empresa estrechamente relacionada, las actividades que esa sociedad asume como distribuidora no serán consideradas como parte de las actividades que la sociedad ejecuta en el curso normal de sus actividades económicas como agente y, por tanto, no será relevante en la determinación de si la sociedad es independiente de la empresa estrechamente relacionada por cuenta de quien está actuando.***

~~38.8 Para determinar si ciertas actividades entran o no en el campo normal de actuación del agente, se examinarán las realizadas habitualmente en el ámbito de su profesión —como corredor o agente de ventas, *comisionista* u otro agente independiente— y no las demás actividades comerciales que lleve a cabo. Aunque se debe hacer normalmente la comparación con las actividades habituales del agente, podrán utilizarse simultánea o alternativamente otros criterios complementarios, por ejemplo, cuando el conjunto de las actividades del agente se desvíe de las propias de su profesión.~~

38.7 La última frase del subapartado a) establece que una persona no puede ser considerada como agente independiente cuando actúa exclusivamente o casi exclusivamente para una o más empresas con las que está estrechamente relacionada. La última frase no significa, no obstante, que el apartado 6 se aplique automáticamente cuando una persona actúa para una o más empresas a las que dicha persona no está estrechamente relacionada. El apartado 6 requiere que la persona debe llevar a cabo una actividad económica como agente independiente y estar actuando en el curso ordinario de dicho negocio. El estatus de independiente es menos probable que concurra si las actividades de la persona se efectúan total o casi totalmente por cuenta de solo una empresa (o un grupo de empresas que están estrechamente relacionadas entre ellas) durante la vida empresarial de la misma o de un largo periodo de tiempo. No obstante, cuando una persona está actuando exclusivamente para una empresa, a la que no está estrechamente relacionada, por un periodo corto de tiempo (por ejemplo, en el inicio de las operaciones económicas de esa persona), es posible que el apartado 6 pudiera aplicarse. Como se indica en el párrafo 38.5, todos los hechos y circunstancias necesitarían ser tomados en cuenta para determinar si las actividades de una persona constituyen el ejercicio de un negocio como agente independiente.

38.8 La última frase del subapartado a) se aplica solo cuando la persona actúa "exclusivamente o casi exclusivamente" por cuenta de empresas estrechamente relacionadas. Esto significa que cuando las actividades de una persona por cuenta de empresas con las que no está estrechamente relacionada no representan una parte significativa de los negocios de esa persona, dicha persona no calificará como agente independiente. Cuando, por ejemplo, las ventas que un agente concluye para empresas a las que no está estrechamente relacionada representa menos del 10 por ciento de toda las ventas que realiza como agente actuando para otras empresas, ese agente debería ser considerado que actúa "exclusivamente o casi exclusivamente" por cuenta de empresas estrechamente relacionadas.

38.9 El subapartado b) explica el significado del concepto de una "persona estrechamente relacionada a una empresa" a los efectos de este artículo. Este concepto debe distinguirse del concepto de "empresas asociadas" que es usado a efectos del artículo. 9; aunque los dos conceptos se superponen en cierto sentido, no pretenden ser equivalentes.

38.10 La primera parte del subapartado b) incluye la definición general de "una persona estrechamente relacionada a una empresa". Establece que una persona está estrechamente relacionada a la empresa si, de acuerdo con todos hechos y circunstancias relevantes, una tiene el control sobre la otra o ambos están bajo el control de las mismas personas o empresas. Esta regla general comprendería, por ejemplo, situaciones en las que una persona o empresa controla una empresa en virtud de un acuerdo especial que permite a esa persona ejercitar derechos que son similares a aquellos que tendría si poseyera directa o indirectamente más del 50% de los intereses económicos en la empresa. Como en la

mayoría de los casos en los que se usa la forma plural, la referencia a las "mismas personas o empresas" al final de la primera frase del supapartado b) comprende casos en los que hay solo una de dichas personas o empresas.

38.11 La segunda parte del subapartado b) nos indica que la definición de "persona estrechamente relacionada a una empresa" concurre automáticamente en ciertas circunstancias. Según la misma, una persona se considera que está estrechamente relacionada a una empresa tanto si una posee directa o indirectamente más del 50% de los intereses económicos en la otra, como si un tercero posee directa o indirectamente más del 50% de los intereses económicos en ambos la persona y la empresa. En el caso de una sociedad, esta condición se satisface cuando una persona posee directa o indirectamente más del 50 por ciento de los derechos de voto y del valor de las acciones o de la participación en los beneficios en la sociedad.

38.12 La regla en la última frase del subapartado a) y el hecho de que el subapartado b) comprenda situaciones en las que una sociedad controla o está controlada por otra sociedad no restringe de ninguna manera el ámbito del apartado 7 del artículo 5. Como se explica en el párrafo 41.1 más abajo, es posible que una filial actúe por cuenta de su matriz de tal manera que se considere que ésta tiene un establecimiento permanente bajo el apartado 5; si ese es el caso, una filial actuando exclusivamente o casi exclusivamente para su matriz no podrá beneficiarse de la excepción del "agente independiente" del apartado 6. Sin embargo, esto no implica que las relaciones entre la matriz y la filial eliminen los requisitos del apartado 5 y que dicha relación pudiera ser suficiente para concluir que alguna de las condiciones concurre.

39. Conforme a la definición de la expresión "establecimiento permanente", una compañía de seguros de un Estado puede someterse a imposición en el otro Estado por sus operaciones de seguro si tiene un lugar fijo de negocios en el sentido del apartado 1 o si realiza sus actividades mediante una persona en las condiciones del apartado 5. Dado que las agencias de compañías de seguros extranjeras no siempre responden a uno u otro de estos dos supuestos, puede ocurrir que dichas compañías realicen actividades a gran escala en un Estado sin que se sometan a imposición en ese Estado por los beneficios generados por tales actividades. Para evitar esa situación, varios convenios suscritos por países miembros de la ***OCDE antes de (próxima actualización)*** contienen una disposición conforme a la cual se considera que las compañías de seguros de un Estado tienen un establecimiento permanente en el otro si cobran primas en ese otro Estado por medio de un agente establecido allí —distinto de un agente que ya tenga la condición de establecimiento permanente en virtud del apartado 5— o aseguran riesgos situados en ese territorio por medio de él. La decisión de incluir una disposición de este tipo en un convenio dependerá de la situación jurídica y fáctica existente en los Estados contratantes. ***Asimismo, los cambios en los apartados 5 y 6 realizados en (próxima actualización) han abordado algunas de las preocupaciones que dicha disposición trata de combatir.*** Por consiguiente, será frecuente omitir tal disposición. Por ello, no se ha considerado oportuno incluir una disposición de ese tipo en el Modelo de Convenio.

B. La elusión artificiosa del estatus del establecimiento permanente acogiéndose a las excepciones de actividades específicas

10. El apartado 4 del artículo 5 del Modelo de Convenio de la OCDE incluye una lista de excepciones (las "exenciones de actividades específicas"), según las cuales se considera que un establecimiento permanente no existe cuando un lugar de negocios se usa únicamente para las actividades que se encuentran listadas en dicho apartado.

1. Lista de actividades incluidas en el apartado 4 del artículo 5

11. Los documentos de trabajo de octubre 2011 y 2012 sobre la clarificación de la definición[2] del establecimiento permanente proponían un cambio al párrafo 21 de los Comentarios al artículo 5, de acuerdo con el cual, siguiendo el tenor literal del artículo 5, el apartado 4 se aplica automáticamente cuando una de las actividades mencionadas en los subapartados a) al d) es la única actividad efectuada en un lugar fijo de negocios. Sin embargo, el Grupo de Trabajo que propuso dicho cambio invitó al Grupo de Trabajo N° 1 sobre Convenios Fiscales y Cuestiones Relacionadas a examinar "si la conclusión de que los subapartados a) al d) no están sujetos al requisito adicional de que las actividades comprendidas en la lista sean de naturaleza preparatoria o auxiliar, es una política fiscal adecuada". Esto reflejó la visión de algunos representantes que argumentaron que la interpretación propuesta no parecía estar en conformidad con lo que ellos consideraban como el propósito original del apartado, es decir, regular sólo actividades preparatorias o auxiliares.

12. Independientemente del propósito original de las excepciones incluidas en los subapartados a) al d) del apartado 4, es importante abordar situaciones en las que dichos subapartados dan lugar a problemas de erosión de bases imponibles y traslado de beneficios. Por tanto, se ha acordado modificar el apartado 4 del artículo 5, como se indica más abajo, de modo que cada una de las excepciones incluidas en dicha disposición se restrinja a actividades que son por lo demás de un carácter preparatorio o auxiliar. Asimismo se ha recomendado suministrar una guía adicional en los Comentarios más abajo que clarifique el significado de los términos "auxiliar o preparatorio", utilizando para ello diversos ejemplos.

13. Sin embargo, algunos Estados consideran que los problemas de erosión de bases imponibles y traslado de beneficios relacionados con el apartado 4 del artículo 5 aparecen fundamentalmente cuando hay una fragmentación de actividades entre partes estrechamente relacionadas, y que esos problemas serían abordados oportunamente por la inclusión de la regla anti-fragmentación prevista en la parte 2 de este trabajo. Por tanto, estos Estados consideran que no hay una necesidad para modificar el apartado 4 del artículo 5, como se sugiere más abajo, y que la lista de excepciones de los subapartados a) a d) del apartado 4 no deberían estar sujetas a la condición de que las actividades referidas en dichos subapartados posean un carácter preparatorio o auxiliar. Como se indica en los Comentarios más abajo incluidos, los Estados que comparten esta visión pueden adoptar una versión diferente del apartado 4 del artículo 5, en tanto en cuanto incluyan la norma de anti-fragmentación a la que se refiere la parte 2 de este documento.

MODIFICAR EL APARTADO 4 DEL ARTÍCULO 5 DE MANERA QUE TODOS SUS SUBAPARTADOS ESTÉN SUPEDITADOS A UNA CONDICIÓN "PREPARATORIA O AUXILIAR"

Sustituir el apartado 4 del artículo 5 como sigue (los cambios en el texto existente de los Comentarios aparecen en ***cursiva y negrita*** *para las adiciones, y ~~tachadas~~, para las supresiones):*

4. No obstante las disposiciones anteriores de este artículo, se considera que la expresión "establecimiento permanente" no incluye:

a) la utilización de instalaciones con el único fin de almacenar, exponer o entregar bienes o mercancías pertenecientes a la empresa;

b) el mantenimiento de un depósito de bienes o mercancías pertenecientes a la empresa con el único fin de almacenarlas, exponerlas o entregarlas;

c) el mantenimiento de un depósito de bienes o mercancías pertenecientes a la empresa con el único fin de que sean transformadas por otra empresa;

d) el mantenimiento de un lugar fijo de negocios con el único fin de comprar bienes o mercancías o de recoger información para la empresa;

e) el mantenimiento de un lugar fijo de negocios con el único fin de realizar para la empresa cualquier otra actividad ~~de carácter auxiliar o preparatorio~~;

f) el mantenimiento de un lugar fijo de negocios con el único fin de realizar cualquier combinación de las actividades mencionadas en los subapartados a) a e)~~, a condición de que el conjunto de la actividad del lugar fijo de negocios que resulte de esa combinación conserve su carácter auxiliar o preparatorio,~~

a condición de que esa actividad o, en el caso del subapartado f), el conjunto de la actividad del lugar fijo de negocios, revista un carácter auxiliar o preparatorio.

Sustituir los párrafos 21 a 30 de los Comentarios existentes al artículo 5 como sigue (los cambios en el texto existente de los Comentarios aparecen en ***cursiva y negrita*** *para las adiciones, y ~~tachadas~~, para las supresiones):*

Apartado 4

21. Este apartado enumera algunas actividades empresariales que se consideran excepciones a la definición general formulada en el apartado 1 las cuales, ***cuando son llevadas a cabo mediante lugares fijos de negocio, no son suficiente para que estos lugares constituyan*** un establecimiento permanente~~, aunque la actividad se realice a través de un lugar fijo de negocios~~. ***La parte final de este apartado establece que estas excepciones solo se aplican si las actividades de la lista tienen un carácter auxiliar o preparatorio.*** ~~Todas estas actividades tienen como rasgo común su carácter preparatorio o auxiliar. Así se indica explícitamente en el caso de la excepción mencionada en~~ ***Dado que*** el subapartado e***) se aplica a cualquier actividad que no se encuentre en la lista del apartado (en tanto en cuanto la actividad tenga un carácter auxiliar o preparatorio), las disposiciones de este apartado*** ~~que~~, realmente equivalen a restringir con carácter general el alcance de la definición ***de establecimiento permanente*** contenida en el apartado 1 y cuando se leen en relación con este apartado, ofrecen un test más selectivo, por el cual se determina lo que constituye un establecimiento permanente. En un grado considerable, estas disposiciones limitan la definición del apartado 1 y excluyen de su ámbito relativamente amplio un número de ~~formas de organización empresarial, que aunque son llevadas a cabo a través de lugares fijos de negocios~~ ***lugares fijos de negocio que, porque las actividades económicas realizadas a través de estos lugares son meramente preparatorias o auxiliares,*** no tienen que ser tratadas como establecimientos permanentes. Como es sabido, dicho lugar de negocios podría contribuir a la productividad de la empresa, pero los servicios que realiza están tan lejos de la obtención del beneficio que es difícil atribuirle un beneficio al mismo. (*Las últimas dos frases y la última parte de la anterior a ellas tienen que ser trasladadas del párrafo 23 a éste*). La letra f) prevé, además, que la realización

de una combinación de las actividades mencionadas en las letras a) a e) en el mismo lugar fijo de negocios no se considerará constitutiva de establecimiento permanente, ***sujeto a la condición, que se contiene en la parte final del apartado***, de ~~siempre~~ que el conjunto de las actividades realizadas por el lugar fijo de negocios conserve un carácter preparatorio o auxiliar. Así pues, las disposiciones del apartado 4 tienen como objeto evitar que una empresa de un Estado sea gravada en el otro Estado si las actividades realizadas ***solo*** ~~en ese otro Estado~~ tienen un carácter meramente preparatorio o auxiliar. ***Las disposiciones del apartado 4.1 (véanse más abajo) complementan el principio, asegurando que el carácter preparatorio o auxiliar de las actividades realizadas en el lugar fijo de negocios debe ser analizado a la vista de otras actividades que constituyen funciones complementarias, que son parte de la operación cohesionada de un negocio, y llevadas a cabo por la misma empresa o empresas estrechamente relacionadas en el mismo Estado.***

21.1~~24.~~ A menudo es difícil distinguir entre las actividades que tienen un carácter preparatorio o auxiliar y aquellas que no lo tienen. El criterio decisivo consiste en determinar si las actividades del lugar fijo de negocios constituyen en sí mismas una parte esencial y significativa de las actividades del conjunto de la empresa. Convendrá estudiar separadamente cada caso. Un lugar fijo de negocios cuyo objeto general sea idéntico al de la empresa en su conjunto no realiza una actividad preparatoria o auxiliar.

21.2 Como regla general, una actividad tiene carácter preparatorio cuando se lleva a cabo bajo en miras de la ejecución de aquello que constituye la parte esencial y significativa de la actividad integral de la empresa. Puesto que la actividad preparatoria antecede a otra actividad, será a menudo ejecutada durante un periodo corto de tiempo, la duración de este periodo dependerá de la naturaleza de la actividad principal de la empresa. Sin embargo, puede que no siempre sea así, ya que es posible llevar a cabo una actividad en un lugar determinado durante un periodo de tiempo sustancial en preparación de actividades que se llevarán a cabo en otro lugar. Por ejemplo, una empresa constructora que forma a sus trabajadores en un lugar antes de enviarlos a otros lugares de trabajo lejanos situados en otros países, la formación que se lleva a cabo en el primer lugar constituye una actividad preparatoria para dicha empresa. Por otro lado, una actividad con carácter auxiliar corresponde generalmente a aquella que se ejecuta como apoyo, sin ser parte de la misma, de la parte esencial y significativa de la actividad integral de la empresa. Es bastante improbable que una actividad que requiere una proporción importante de su activo o de trabajadores de la empresa pudiera ser considerada como de carácter auxiliar.

21.3 Los subapartados a) a e) se refieren a actividades que son llevadas a cabo por la empresa por sí misma. Por tanto, un establecimiento permanente,~~sin embargo,~~ ***existirá si dichas actividades se ejecutasen por cuenta de otras empresas en el mismo lugar fijo de negocios*** ~~el lugar fijo de negocios ejerciendo cualquiera de las actividades comprendidas en el apartado 4 fueran ejercidas no solo por cuenta de la empresa a la que pertenece, sino también por cuenta de otras empresas.~~ Por ejemplo, si una ~~agencia de publicidad~~ ***empresa que mantenía una oficina para la publicidad de sus propios productos o servicios*** se comprometiera también en publicidad ***por cuenta de*** otras empresas ***en dicha ubicación, esa oficina*** sería considerada como un establecimiento permanente de la empresa que mantenía la oficina.

22. La letra a) se refiere ~~al caso en el que una empresa adquiere el uso de~~ ***a un lugar fijo de negocios constituido por*** instalaciones ***utilizadas por una empresa*** para almacenar, exponer o entregar sus propios bienes o mercancías. ***Si la actividad así desarrollada en dicho lugar fijo de negocios posee un carácter preparatorio o auxiliar tendrá que determinarse a la vista de distintos factores que incluyen el conjunto de la actividad económica de la empresa. Por ejemplo, una empresa del Estado R mantiene en el Estado S un gran almacén en el que trabaja un número relevante de empleados principalmente para el negocio de almacenamiento y entrega de bienes que son propiedad de la empresa, y que vende en línea a clientes del Estado S, pues bien, el apartado 4 no se aplicará a este almacén ya que las actividades de almacenamiento y entrega de bienes que son ejecutadas a través del almacén,***

que representa un activo importante y requiere un gran número de trabajadores, constituye una parte esencial del negocio de venta/distribución de la empresa y no tiene, por tanto, un carácter preparatorio o auxiliar. ~~La letra b) se refiere a las existencias de mercancías en sí mismas y establece que el mantenimiento de existencias, como tal, no se considerará establecimiento permanente si tiene por objeto el almacenamiento, la exposición o la entrega de las mercancías. La letra c) se refiere al mantenimiento de existencias de bienes o mercancías de una empresa para ser transformadas por una segunda empresa en nombre o por cuenta de la empresa mencionada en primer lugar. La referencia a la captación de información de la letra d) tiene como finalidad contemplar el caso de la oficina de un periódico, que no es sino uno de los muchos "tentáculos" de la sede central; exonerar a las oficinas de este tipo supone, simplemente, extender el concepto de "mera compra".~~

22.1 ***Por ejemplo, el subapartado a) comprendería un depósito de mercancías con unas instalaciones especiales de gas que un exportador de fruta de un Estado mantiene en otro Estado con el propósito de almacenar fruta en un ambiente controlado durante el proceso de despacho de aduanas en ese otro Estado. También comprendería un lugar fijo de negocios que una empresa mantiene exclusivamente para la entrega de piezas de repuesto a clientes para maquinaria vendida a los mismos. Sin embargo, el apartado 4 no se aplicaría cuando*** ~~un establecimiento permanente podría ser también constituido~~ ~~***si***~~ una empresa ***mantuviera*** un lugar fijo de negocios para la entrega de piezas de repuesto a clientes por la maquinaria suministrada a los mismos ***y, además***, ~~cuando además~~, ***para los mantenimientos*** o reparaciones ***de*** dicha maquinaria, ya que esto ***iría*** más allá de la mera entrega mencionada en el subapartado a) ~~del apartado 4~~ ***y no constituirían actividades preparatorias o auxiliares, puesto*** que estas ***actividades de post-venta constituyen*** ~~organizaciones ejecutan~~ una parte esencial y significativa de los servicios de una empresa frente a sus clientes. ~~Sus actividades no son meramente auxiliares~~ *(las dos frases precedentes han sido trasladadas del párrafo 25 a éste).*

22.2~~26.1~~ ***Los problemas pueden surgir en relación con la aplicación de la definición de establecimiento permanente a*** ~~Otro ejemplo es el de~~ instalaciones como cables o conducciones que atraviesan el territorio de un país. Si bien procede aplicar el artículo 6 a la renta que percibe el propietario o el explotador de estas instalaciones por el uso que hacen de ellas otras empresas, toda vez que ***esas*** instalaciones se consideran propiedad inmobiliaria en virtud de lo establecido en su apartado 2, cabría cuestionarse si debe aplicarse en su caso el subapartado a) ~~apartado 4~~. Cuando estas instalaciones sirvan al transporte de bienes propiedad de otras empresas, no será de aplicación al propietario o explotador de dichas instalaciones la letra a), que se limita a la entrega de bienes o mercancías pertenecientes a la empresa que utiliza la instalación. La letra e) del apartado 4 tampoco será de aplicación en lo que se refiere a la empresa citada, ya que los cables o conducciones no se utilizan sólo para la empresa y su uso no es de carácter preparatorio o auxiliar dada la naturaleza del negocio de esa empresa. Ahora bien, la situación es distinta cuando una empresa posee y explota un cableado o unas conducciones que atraviesan el territorio de un país con el único propósito de transportar sus propios bienes, siendo dicho transporte una mera consecuencia del negocio de la empresa, como en el caso de una empresa de refino de petróleo que posee y explota un oleoducto que atraviesa el territorio de un país exclusivamente para transportar su propio petróleo a su refinería situada en otro país. En tal caso, será de aplicación la letra a) del apartado 4. Otra cuestión ~~adicional~~ que cabe plantearse separadamente es si el cable o conducción puede constituir ~~también~~ un establecimiento permanente para el cliente del explotador del cable o conducción, es decir, la empresa cuyos datos, energía o propiedad se transmite o transporta de un lugar a otro. En ese caso, la empresa únicamente está recibiendo servicios de transmisión o transporte, prestados por el explotador del cable o conducción, no teniendo el cable o la conducción a su disposición, por lo que no pueden considerarse establecimiento permanente de esa empresa.

22.3 El subapartado b) se refiere al ***mantenimiento de un depósito de bienes y mercancías pertenecientes a la empresa*** ~~***depósito***~~ ~~de mercancía y establece que el depósito, como tal, no será tratado como un establecimiento permanente si es mantenido con el objeto de almacenamiento,~~

~~distribución o entrega~~. ***Este subapartado es irrelevante en casos en los que un depósito de bienes y mercancías pertenecientes a una empresa es mantenido por otra persona en instalaciones operadas por esta otra persona y la empresa no tiene a su disposición dichas instalaciones, por lo que el lugar en el que el depósito es gestionado no puede constituir un establecimiento permanente de la mencionada empresa. Por ejemplo, cuando una compañía de logística independiente opera un almacén en el Estado S y continuamente almacena en dicho depósito bienes o mercancías pertenecientes a una empresa del Estado R, el depósito no constituye un lugar fijo de negocios a disposición de la empresa del Estado R y el subapartado b) es, por tanto, irrelevante. Sin embargo, cuando dicha empresa tiene autorización para acceder ilimitadamente a una parte separada del depósito con el objeto de inspeccionar y gestionar los bienes y mercancías almacenados en el mismo, el subapartado b) es aplicable y la cuestión relativa a la existencia de un establecimiento permanente dependerá de si estas actividades constituyen una actividad preparatoria o auxiliar.***

22.4 El subapartado c) comprende la situación ~~el caso en que~~ ***en la que*** existencias de bienes y mercancías pertenecientes a una empresa son transformadas por una segunda empresa por cuenta de, o en nombre de, la primera empresa mencionada. ***Tal y como se ha explicado en el párrafo anterior, la mera presencia de bienes y mercancías pertenecientes a una empresa no significa que el lugar fijo de negocios en los que dichos bienes y mercancías están almacenados está a disposición de dicha empresa. Por ejemplo, cuando existencias de bienes pertenecientes a RCO, una empresa del Estado R, son mantenidas por un fabricante establecido en el Estado S a los efectos de su transformación por el mismo, no hay un lugar fijo de negocios a disposición de RCO y, por tanto, el lugar donde las existencias son mantenidas no puede ser un establecimiento permanente de RCO. Sin embargo, si RCO tiene autorización para el acceso ilimitado a una parte separada de las instalaciones del fabricante para la inspección y mantención de los bienes almacenados en las mismas, el subapartado c) se aplicará y será necesario determinar si la mantención de esas existencias de bienes por RCO constituye una actividad preparatoria o auxiliar. Este será el caso si RCO es meramente un distribuidor de productos manufacturados por otras personas ya que en esa situación la mera mantención de existencias de bienes con el propósito de su transformación por otra empresa no formaría un parte esencial y significativa del conjunto de actividades de RCO. En este caso, a menos que el apartado 4.1 se aplique, el apartado 4 considerará que no existe un establecimiento permanente en relación con dicho lugar fijo de negocios que está a disposición de la empresa del Estado R para fines de mantener sus propios bienes, que serán transformados por el fabricante.***

22.5 La primera parte del subapartado d) se refiere al caso en el que las instalaciones son usadas únicamente con el objeto de compra de bienes y mercancías para la empresa. Puesto que esta excepción solo se aplica si esta actividad tiene un carácter preparatorio o auxiliar, no se aplicará normalmente en el caso de un lugar fijo de negocios usado para la compra de bienes y mercancías cuando el conjunto de la actividad empresarial consiste en la venta de dichos bienes y cuando la compra es una de las funciones centrales del negocio de la empresa. Los siguientes ejemplos ilustran la aplicación del apartado 4 en el caso de lugares fijos de negocio cuando se realizan actividades de compra:

- ***Ejemplo 1: RCO es una sociedad residente en el Estado R que es un gran comprador de un producto agrícola determinado que se produce en el Estado S, el cual RCO vende desde el Estado R a distribuidores situados en distintos países. RCO mantiene una oficina de compra en el Estado S. Los empleados que trabajan en esa oficina son compradores experimentados con especial conocimiento de este tipo de producto y son quienes visitan a los productores en el Estado S, determinan el tipo y calidad de los productos de acuerdo con estándares internacionales (lo que es un proceso difícil que requiere habilidades y conocimientos especiales) y celebran distintos tipos de contratos (al contado o a plazo) para la adquisición de los productos por RCO. En este ejemplo, aunque***

la única actividad realizada a través de la oficina es la compra de productos para RCO, que es una actividad comprendida en el subapartado d), el apartado 4 no se aplica y, por tanto, la oficina constituye un establecimiento permanente porque la función de compra constituye una parte esencial y significativa del **conjunto de la actividad empresarial de RCO.**

- ***Ejemplo 2: RCO, una sociedad residente en el Estado R que opera un gran número de tiendas de descuento, mantiene una oficina en el Estado S durante dos años con el propósito de analizar y estudiar el mercado local y llevar a cabo una labor de presión -lobbying- al gobierno para que realice algunos cambios que permitirían a RCO abrir tiendas en el Estado S. Durante este tiempo, trabajadores de RCO ocasionalmente compran suministros para sus oficinas. En este ejemplo, el apartado 4 resulta de aplicación porque el subapartado f) se aplica a las actividades ejecutadas a través de la oficina (puesto que los subapartados d) y e) se aplicarían a las actividades de compra, a los estudios de mercado y al lobbying si cada una de estas actividades fuera la única actividad llevada a cabo en la oficina) y el conjunto de las actividades de la oficina posee un carácter preparatorio.***

22.6 La segunda parte del subapartado d) se refiere a un lugar fijo de negocios que se usa exclusivamente para recoger información para la empresa. Una empresa necesitará frecuentemente recopilar información antes de decidir si y cómo llevar a cabo sus actividades empresariales en ese Estado. Si la empresa realiza esa actividad sin mantener un lugar fijo de negocios en ese Estado, el subapartado d) será claramente irrelevante. Sin embargo, si se mantiene un lugar fijo de negocios exclusivamente para ese propósito, el subapartado d) será relevante y será necesario determinar si la recogida de información va más allá del límite de lo preparatorio o auxiliar. Por ejemplo, cuando un fondo de inversión establece una oficina en un Estado con el único propósito de recoger información para posibles oportunidades de inversión en ese Estado, la recogida de información a través de la oficina será una actividad preparatoria. La misma conclusión se podría alcanzar en el caso de una empresa de seguros que monta una oficina con el único propósito de recoger información, como estadísticas sobre riesgos en un mercado concreto y lo mismo ocurriría para el supuesto de una agencia periodística que se radica en un Estado con el único propósito de conseguir información sobre posibles noticias sin comprometerse en ninguna actividad de publicidad: en ambos casos, la recogida de información será una actividad preparatoria.

23. La letra e) ***se aplica*** a ~~establece que~~ un lugar fijo de negocios ***mantenido únicamente para el propósito de llevar a cabo, para la empresa, cualquier actividad que no se encuentre expresamente en la lista de los subapartados a) a d); en tanto en cuanto dicha actividad*** tenga ~~por medio del cual la empresa realiza únicamente una actividad~~ un carácter preparatorio o auxiliar, ***ese lugar de negocios*** se considera que no constituye un establecimiento permanente. La redacción de este subapartado hace innecesario elaborar una lista exhaustiva de ~~excepciones~~ ***las actividades a las que se les puede aplicar el apartado, siendo los ejemplos comprendidos en la lista de los subapartados a) a d) meramente ejemplos comunes de actividades que están comprendidas por el apartado porque a menudo tienen un carácter preparatorio o auxiliar.*** ~~Además, la letra proporciona una excepción general a la definición del apartado 1 que,~~ *(La siguiente parte del párrafo ha sido trasladado al párrafo 21):* ~~interpretada conjuntamente con ese apartado, ofrece un criterio más estricto para delimitar lo que constituye un establecimiento permanente. Delimita con ello, en una medida considerable, el alcance de aquella definición excluyendo de su amplio ámbito algunas formas empresariales que no deben tener la consideración de establecimiento permanente aunque se realicen mediante un lugar fijo de negocios. En algunos casos dicho lugar de negocios puede contribuir efectivamente a la productividad de la empresa, pero los servicios que presta son tan ajenos a la obtención del beneficio que sería difícil determinar la parte de los beneficios imputables al mismo. Pueden citarse, como ejemplo, los lugares fijos de negocios utilizados únicamente para hacer publicidad, suministrar información, realizar investigaciones científicas o~~

~~prestar asistencia en la ejecución de un contrato de patente o de cesión de conocimientos prácticos —know-how—, si estas actividades tienen carácter preparatorio o auxiliar.~~ (*La última frase ha sido trasladada al párrafo 23).*

24. ~~A menudo es difícil distinguir entre las actividades que tienen un carácter preparatorio o auxiliar y aquellas que no lo tienen. El criterio decisivo consiste en determinar si las actividades del lugar fijo de negocios constituyen en sí mismas una parte esencial y significativa de las actividades del conjunto de la empresa. Convendrá estudiar separadamente cada caso. Un lugar fijo de negocios cuyo objeto general sea idéntico al de la empresa en su conjunto no realiza una actividad preparatoria o auxiliar.~~ *(Las tres frases precedentes han sido trasladadas al párrafo 21.1).* Ejemplos ***de lugares de negocios comprendidos en el subapartado e)*** son los lugares fijos de negocios ***utilizados*** únicamente para hacer publicidad, suministrar información, realizar investigaciones científicas o prestar asistencia en la ejecución de un contrato de patente o de cesión de conocimientos prácticos —*know-how*—, si estas actividades tienen carácter preparatorio o auxiliar (*Esta frase aparece actualmente al final del párrafo 23*). ***Sin embargo, el apartado 4 no se aplicaría*** ~~Este no sería el caso, cuando, por ejemplo,~~ si un lugar fijo de negocios ***utilizado para el suministro de información*** no solo diera información, sino también ofreciera planes etc., especialmente diseñados para el propósito de un cliente en particular. Tampoco ***se aplicaría*** si un establecimiento dedicado a la investigación además se dedicara a la fabricación *(Estas dos frases aparecen en la actualidad al final del párrafo 25).* ***Igualmente,*** ~~Así, por ejemplo,~~ cuando una empresa tenga por objeto prestar asistencia en la ejecución de contratos de patente o de cesión de conocimientos prácticos —*know-how*—, un lugar fijo de negocios de la empresa que realice esa actividad no podrá beneficiarse del ***apartado 4*** ~~la letra e)~~. Un lugar fijo de negocios cuya función sea la gestión de una empresa, o incluso solamente de parte de la misma o de un grupo, no se considera que realiza una actividad preparatoria o auxiliar, pues tales actividades ejecutivas exceden esa consideración. Si una ~~las~~ empresa~~s~~ con ramificaciones internacionales instala una "oficina de dirección" —*management office*— en ***un*** ~~los~~ Estado~~s~~ donde tiene~~n~~ filiales, establecimientos permanentes, representantes o concesionarios, con funciones de supervisión y coordinación de todos los departamentos de la empresa existentes en la región en cuestión, ***el subapartado e) no se aplicará a esa oficia de dirección porque*** ~~se considerará normalmente que existe un establecimiento permanente, ya que la oficina de dirección puede considerarse como oficina en el sentido del apartado 2. Cuando una importante empresa internacional haya delegado todas las funciones ejecutivas en sus oficinas de dirección regionales, de tal forma que las funciones de la sede central de la empresa se limiten a la dirección general (las denominadas empresas policéntricas), las propias oficinas de dirección regionales deben considerarse "sede de dirección" en el sentido de la letra a) del apartado 2.~~ ***la*** función de dirección de una empresa, incluso si se limita a una parte de las operaciones de la misma, constituye una parte esencial de la actividad empresarial, sin que pueda considerarse en modo alguno como actividad preparatoria o auxiliar en el sentido ~~de la letra e)~~ del apartado 4.

~~25.~~ ~~Se podrá considerar asimismo que existe un establecimiento permanente cuando una empresa, para entregar a sus clientes piezas de recambio de la maquinaria que suministra, tenga un lugar fijo de negocios donde, además, mantiene o repara dicha maquinaria, ya que tales actividades van más allá de la simple entrega mencionada en la letra a) del apartado 4. Dado que estas organizaciones de servicio posventa realizan una parte esencial y significativa de los servicios que la empresa presta a sus clientes, sus actividades no son simplemente auxiliares. La letra e) sólo es aplicable cuando las actividades del lugar fijo de negocios tienen un carácter meramente preparatorio o auxiliar. Este no sería el caso si el lugar fijo de negocios no sólo suministra información sino también planes (programas), etc., especialmente desarrollados para satisfacer las necesidades de cada cliente. Tampoco lo sería un establecimiento de investigación que además se dedicara a la fabricación.~~

~~26.~~ ~~Además, la letra e) precisa que las actividades del lugar fijo de negocios deben ser realizadas para la empresa. Un lugar fijo de negocios que preste servicios, no sólo a la empresa a la que pertenece, sino también directamente a otras empresas, por ejemplo, a otras sociedades~~

~~que formen parte del mismo grupo que la sociedad a la que pertenece el lugar fijo, no estará comprendido en el apartado e).~~

~~26.1 Otro ejemplo es el de instalaciones como cables o conducciones que atraviesan el territorio de un país. Si bien procede aplicar el artículo 6 a la renta que percibe el propietario o el explotador de estas instalaciones por el uso que hacen de ellas otras empresas, toda vez que estas instalaciones se consideran propiedad inmobiliaria en virtud de lo establecido en su apartado 2, cabría cuestionarse si debe aplicarse en su caso el apartado 4. Cuando estas instalaciones sirvan al transporte de bienes propiedad de otras empresas, no será de aplicación al propietario o explotador de dichas instalaciones la letra a), que se limita a la entrega de bienes o mercancías pertenecientes a la empresa que utiliza la instalación. La letra e) del apartado 4 tampoco será de aplicación en lo que se refiere a la empresa citada, ya que los cables o conducciones no se utilizan sólo para la empresa y su uso no es de carácter preparatorio o auxiliar dada la naturaleza del negocio de esa empresa. Ahora bien, la situación es distinta cuando una empresa posee y explota un cableado o unas conducciones que atraviesan el territorio de un país con el único propósito de transportar sus propios bienes, siendo dicho transporte una mera consecuencia del negocio de la empresa, como en el caso de una empresa de refino de petróleo que posee y explota un oleoducto que atraviesa el territorio de un país exclusivamente para transportar su propio petróleo a su refinería situada en otro país. En tal caso, será de aplicación la letra a) del apartado 4. Otra cuestión que cabe plantearse es si el cable o conducción puede constituir también un establecimiento permanente para el cliente del explotador del cable o conducción, es decir, la empresa cuyos datos, energía o propiedad se transmite o transporta de un lugar a otro. En ese caso, la empresa únicamente está recibiendo servicios de transmisión o transporte, prestados por el explotador del cable o conducción, no teniendo el cable o la conducción a su disposición, por lo que no pueden considerarse establecimiento permanente de la empresa.~~

27. Como se ha indicado en el párrafo 21, el apartado 4 tiene por objeto establecer excepciones a la definición general del apartado 1 respecto de lugares fijos de negocios dedicados a actividades de carácter preparatorio o auxiliar. En consecuencia, conforme a la letra f) ~~del apartado 4~~, el hecho de que un lugar fijo de negocios combine cualquiera de las actividades mencionadas en las letras a) a e) ~~de ese apartado~~ no significa por sí solo que existe un establecimiento permanente. En la medida en que la actividad conjunta de dicho lugar fijo de negocios mantenga su carácter preparatorio o auxiliar no se considerará que exista un establecimiento permanente. Tales combinaciones no deben contemplarse desde una perspectiva rígida, sino en función de las circunstancias particulares de cada caso. ~~El criterio del "carácter preparatorio o auxiliar" debe interpretarse de la misma forma que en el caso de la letra e) (véanse los párrafos 24 y 25 anteriores). Los Estados que deseen autorizar la realización conjunta de las actividades mencionadas en las letras a) a e) sin tener en cuenta que el conjunto cumpla o no el criterio del carácter preparatorio o auxiliar pueden hacerlo suprimiendo en la letra f) las palabras desde "a condición" hasta "preparatorio".~~

~~27.1 Lo dispuesto en la letra f) carecerá de relevancia cuando la empresa disponga de varios lugares fijos de negocios en el sentido de las letras a) a e), siempre que dichos lugares estén separados en cuanto a su emplazamiento y organización, ya que en ese caso cada lugar de negocio deberá considerarse separada y aisladamente para determinar si hay o no un establecimiento permanente. No se considerará que los lugares de negocios estén separados en cuanto a su organización cuando realicen funciones auxiliares en un Estado contratante como son la recepción y el almacenamiento de mercancías en un lugar, su reparto a través de otro, etc. Una empresa no puede fragmentar un negocio en funcionamiento y cohesionado en varias operaciones pequeñas con el fin de alegar que cada una de ellas sólo tiene carácter preparatorio o auxiliar.~~

28. Los lugares fijos de negocios ~~mencionados en~~ ***a los que se aplica el*** apartado 4 ~~carecen de la consideración de~~ no constituyen un establecimiento permanente siempre que sus actividades ***empresariales ejecutadas a través de aquellos lugares fijos de negocios*** se limiten ***a aquellas actividades contempladas en dicho apartado*** ~~funciones cuyo carácter permite entender que el lugar de negocios no constituye un establecimiento permanente~~. Ese será el caso

incluso si los contratos necesarios para iniciar y realizar las actividades empresariales los firman los responsables del lugar de negocios. ***La celebración de dichos contratos por esos empleados no constituirá un establecimiento permanente de la empresa bajo*** ~~Los empleados de un lugar de negocios en el sentido del apartado 4, autorizados para suscribir dichos contratos, no pueden tener la consideración de agentes en el sentido del~~ el apartado 5, ***siempre que la conclusión de dichos contratos satisfaga las condiciones del apartado 4 (Véase el párrafo 33 más abajo).*** ~~Tal sería el caso de un instituto de investigación~~ ***Un ejemplo podría ser cuando el*** ~~del~~ director ***de un lugar de negocios en el que se realizan actividades de investigación de carácter preparatorio o auxiliar***, ~~tuviera poderes para realizar~~ firma los contratos necesarios para el ***establecimiento y*** funcionamiento ***de ese lugar de negocios como parte de las actividades ejecutadas en dicho lugar.*** ~~y que ejerciera esos poderes en el marco de las funciones del instituto. Sin embargo, existiría un establecimiento permanente si el lugar fijo de negocios que realiza las actividades mencionadas en el apartado 4 las efectuara, no sólo por cuenta de la empresa a la que pertenece, sino también por cuenta de otras empresas. Por ejemplo, una agencia de publicidad de una empresa que se dedicara también a hacer publicidad para otras empresas sería considerada un establecimiento permanente de la empresa de la que depende.~~

29. Si, ***según el apartado 4***, un lugar fijo de negocios no se considera establecimiento permanente ~~de acuerdo con el apartado 4~~, la misma excepción será aplicable a la enajenación de la propiedad mobiliaria que forme parte de los activos del lugar de negocios cuando finalicen las actividades de la empresa ***en dicho lugar*** ~~en dicha instalación~~ (véase el párrafo 11 anterior y el apartado 2 del artículo 13). ~~Dado que~~ ***Por ejemplo***, la exposición de mercancías durante una feria comercial ***o un congreso*** está exceptuada conforme a los subapartados a) y b), la venta de dicha mercancía al finalizar el congreso o feria comercial también está cubierta por ***el subapartado e), ya que dicha venta es una actividad meramente auxiliar.*** ~~esta excepción~~ Naturalmente, la excepción no es aplicable a la venta de mercancías que no se hayan expuesto efectivamente en el congreso o en la feria comercial.

30. ***Cuando el apartado 4 no se aplica porque un*** lugar fijo de negocios ***es*** utilizado ***por una empresa*** para actividades ***que están comprendidas en la lista de ese apartado*** ~~que se consideran excepciones~~ ***y es también utilizado*** para otras actividades ***que van más allá de lo que se considera preparatorio o auxiliar, ese lugar de negocios*** constituye un único establecimiento permanente ***de la empresa y los beneficios atribuibles al mismo con relación a*** ambos tipos de actividades ***pueden ser gravadas en el Estado donde se encuentra situado el establecimiento permanente.*** ~~Sería el caso, por ejemplo, de un almacén utilizado para la entrega de mercancías que también realizara ventas.~~

30.1. Algunos Estados consideran que algunas actividades referidas en el apartado 4 son intrínsecamente preparatorias o auxiliares y, para ofrecer una mayor certeza tanto a las administraciones tributarias como a los contribuyentes, son de la opinión de que dichas actividades no deberían están sujetas a la condición de que posean un carácter preparatorio o auxiliar, y que cualquier temor sobre el uso inapropiado de dichas excepciones sería abordado a través de lo dispuesto en el apartado 4.1. Los Estados que comparten esta opinión son libres para modificar el apartado 4, como sigue (y pueden también acordar eliminar algunas de las actividades comprendidas en la lista de los subapartados a) a d) más abajo mencionada, si consideran que esas actividades deberían estar sujetas a la condición de ser preparatoria o auxiliar del subapartado e)):

4. No obstante las disposiciones anteriores del presente artículo, se considera que la expresión "establecimiento permanente" no incluye:

a) ***La utilización de instalaciones con el único fin de almacenar, exponer o entregar bienes o mercancías pertenecientes a la empresa;***

b) ***El mantenimiento de un depósito de bienes o mercancías pertenecientes a la empresa con el único fin de almacenarlas, exponerlas o entregarlas;***

> *c)* ***El mantenimiento de un depósito de bienes o mercancías pertenecientes a la empresa con el único fin de que sean transformadas por otra empresa;***
>
> *d)* ***El mantenimiento de un lugar fijo de negocios con el único fin de comprar bienes o mercancías o de recoger información para la empresa;***
>
> *e)* ***El mantenimiento de un lugar fijo de negocios con el único fin de realizar para la empresa cualquier otra actividad no incluida en los subapartados a) a d), con la condición de que dicha actividad tenga un carácter preparatorio o auxiliar.***
>
> *f)* ***El mantenimiento de un lugar fijo de negocios con el único fin de realizar cualquier combinación de las actividades mencionadas en los subapartados a) a e), a condición de que el conjunto de la actividad del lugar fijo de negocios resultante de esa combinación conserve su carácter preparatorio o auxiliar.***

2. *Fragmentación de actividades entre partes estrechamente relacionadas*

14. El párrafo 27.1 de los Comentarios al artículo 5 trata en la actualidad sobre la aplicación del subapartado f) del apartado 4 del artículo 5, respecto de lo que ha venido a denominarse "fragmentación de actividades":

> 27.1 Lo dispuesto en la letra f) carecerá de relevancia cuando la empresa disponga de varios lugares fijos de negocios en el sentido de las letras a) a e), siempre que dichos lugares estén separados en cuanto a su emplazamiento y organización, ya que en ese caso cada lugar de negocio deberá considerarse separada y aisladamente para determinar si hay o no un establecimiento permanente. No se considerará que los lugares de negocios estén separados en cuanto a su organización cuando realicen funciones auxiliares en un Estado contratante como son la recepción y el almacenamiento de mercancías en un lugar, su reparto a través de otro, etc. Una empresa no puede fragmentar un negocio en funcionamiento y cohesionado en varias operaciones pequeñas con el fin de alegar que cada una de ellas sólo tiene carácter preparatorio o auxiliar.

15. Teniendo en cuenta la facilidad con la que se pueden crear filiales, la lógica de la última frase ("una empresa no puede fragmentar un negocio en funcionamiento y cohesionado en varias operaciones pequeñas con el fin de alegar que cada una de ellas sólo tiene carácter preparatorio o auxiliar") no debe restringirse a casos en los que la misma empresa mantiene distintos lugares de negocio en un país, sino que debería extenderse a situaciones en los que dichos lugares de negocio pertenecen a empresas estrechamente relacionadas. Algunas preocupaciones relacionadas con el fenómeno BEPS, que se refieren al apartado 4 del artículo 5, por tanto, podrán ser abordadas mediante la norma propuesta más abajo que tendrá en cuenta no sólo las actividades llevadas a cabo por la misma empresa en distintos lugares, sino también las actividades llevadas a cabo por empresas estrechamente relacionadas en distintos lugares o en el mismo lugar. Esta nueva norma es la consecuencia lógica de la decisión de restringir el ámbito del apartado 4 del artículo 5 a actividades que tienen un carácter preparatorio o auxiliar porque, en ausencia de dicha norma, sería relativamente fácil utilizar empresas estrechamente relacionadas para dividir actividades, que tomadas juntas todas ellas, van más allá del límite.

NUEVA NORMA ANTIFRAGMENTACIÓN

Añadir el siguiente nuevo apartado 4.1 al artículo 5:

4.1 El apartado 4 no se aplicará a un lugar fijo de negocios que una empresa utilice o mantenga si esa misma empresa o una empresa estrechamente relacionada lleva a cabo actividades empresariales en el mismo lugar o en otro lugar del mismo Estado contratante, y

a) ese lugar u otro lugar constituye un establecimiento permanente de la empresa o de la empresa estrechamente relacionada con arreglo a lo dispuesto en el presente artículo, o

b) la actividad global resultante de la combinación de las actividades llevadas a cabo por las dos empresas en el mismo lugar, o por la misma empresa o por empresas estrechamente relacionadas en los dos lugares, no reviste carácter preparatorio o auxiliar,

siempre que las actividades empresariales llevadas a cabo por las dos empresas en el mismo lugar, o por la misma empresa o por empresas estrechamente relacionadas en los dos lugares, constituyen funciones complementarias que forman parte de la operación de un negocio cohesionado.

Cambios propuestos a los Comentarios del Artículo 5 (los cambios al texto existente de los Comentarios aparecen en ***cursiva y negrita*** *para las adiciones y ~~tachado~~ para las supresiones).*

Sustituir el párrafo 27.1 existente de los Comentarios al artículo 5 por lo siguiente:

27.1 ***A menos que las disposiciones de la regla anti-fragmentación del apartado 4.1 sean aplicables (véase más abajo)*** *lo dispuesto en la letra f) carecerá de relevancia cuando la empresa disponga de varios lugares fijos de negocios en el sentido de las letras a) a e), ~~siempre que dichos lugares estén separados en cuanto a su emplazamiento y organización,~~ ya que en ese caso cada lugar de negocio deberá considerarse separada y aisladamente para determinar si hay o no un establecimiento permanente. ~~No se considerará que los lugares de negocios estén separados en cuanto a su organización cuando realicen funciones auxiliares en un Estado contratante como son la recepción y el almacenamiento de mercancías en un lugar, su reparto a través de otro, etc. Una empresa no puede fragmentar un negocio en funcionamiento y cohesionado en varias operaciones pequeñas con el fin de alegar que cada una de ellas sólo tiene carácter preparatorio o auxiliar.~~*

Añadir los siguientes nuevos párrafos a los Comentarios del Artículo 5:

Apartado 4.1

30.2 El apartado 4.1 tiene como objetivo impedir que una empresa o un grupo de empresas estrechamente relacionadas fragmenten la operación de un negocio cohesionado en distintas partes para así alegar que cada una de ellas lleva a cabo una actividad meramente de carácter preparatorio o auxiliar. Según el apartado 4.1, las excepciones previstas en el apartado 4 no se aplican a un lugar de negocios, que de ese modo podría constituir un establecimiento permanente, cuando las actividades que se llevan a cabo en ese lugar y otras actividades de la misma empresa o de empresas estrechamente relacionadas ejercidas en ese mismo lugar o en otro lugar en el mismo Estado constituyen funciones complementarias que son parte de la operación de un negocio cohesionado. Sin embargo, para que el apartado 4.1 se aplique al menos uno de los lugares donde dichas actividades se ejercen debe constituir un establecimiento permanente o, sino es el caso, la actividad en su conjunto resultante de la combinación de las actividades relevantes deben ir más allá de lo que son actividades meramente preparatorias o auxiliares.

30.3 El concepto de "empresas estrechamente relacionadas" que se usa en el apartado 4.1 está definido en el subapartado b) del apartado 6 del artículo (véanse párrafos 38.8 a 38.10 más abajo).

30.4 Los siguientes ejemplos nos muestran la aplicación del apartado 4.1:

- *Ejemplo A: RCO, un banco residente en el Estado R, tiene un número de oficinas en el Estado S que constituyen establecimientos permanentes. También tiene una oficina separada en el Estado S, donde unos pocos empleados verifican información suministrada por los clientes que han hecho solicitudes de préstamos en esas otras oficinas. Los resultados de las comprobaciones realizadas por los empleados son remitidos a la casa central de RCO en el Estado R, donde otros empleados analizan la información adjuntada en las solicitudes de préstamo y suministran informes a las oficinas en el que se toman las decisiones sobre dichos préstamos. En este caso, las excepciones del apartado 4 no se aplicarán a la oficina porque otro lugar (es decir, cualquiera de las otras oficinas donde se efectúan las solicitudes de préstamos) constituye un establecimiento permanente de RCO en el Estado S y las actividades empresariales llevadas a cabo por RCO en la oficina separada y en cada una las oficinas constituyen funciones complementarias que son parte de la operación de un negocio cohesionado (es decir, la concesión de préstamos a los clientes en el Estado S).*

- *Ejemplo B: RCO, una sociedad residente en el Estado R, fabrica y vende electrodomésticos. SCO, un residente en el Estado S que es una filial de propiedad exclusiva de RCO, posee un local comercial donde vende los electrodomésticos que adquiere de RCO. RCO también posee un pequeño almacén en el Estado S donde almacenan una pequeña cantidad de electrodomésticos grandes, que son idénticos a algunos de los que están expuestos en el local comercial de SCO. Cuando un cliente compra uno de esos electrodomésticos de grandes dimensiones de SCO, los empleados de SCO van al almacén donde toman posesión de dicho dispositivo antes de su entrega al cliente; la propiedad del mismo sólo se adquiere por SCO de RCO cuando dicho elemento abandona el almacén. En este caso, el apartado 4.1 impide la aplicación de estas excepciones del apartado 4 a este tipo de almacén y, por tanto, no será necesario determinar si el apartado 4 y, en particular, el subapartado a) se aplica al almacén. Las condiciones para la aplicación del apartado 4.1 concurren porque:*

  - *SCO y RCO son empresas estrechamente relacionadas;*
  - *El local comercial de SCO constituye un establecimiento permanente de SCO (la definición de establecimiento permanente no se limita a situaciones en las que el residente de un Estado contratante usa o mantiene un lugar fijo de negocios en el otro Estado; se aplica igualmente cuando una empresa de un Estado usa o mantiene un lugar fijo de negocios en ese mismo Estado); y,*
  - *Las actividades empresariales llevadas a cabo por RCO en su almacén y por SCO en su local comercial constituyen funciones complementarias que son parte de la operación de un negocio cohesionado (es decir, el almacenamiento de bienes en un lugar con el objeto de entregar dichos bienes, como parte de las obligaciones resultantes de la venta de los mismos a través de otro lugar en el mismo Estado).*

C. Otras estrategias para la elusión artificial del estatus de Establecimiento Permanente

1. Fraccionamiento de contratos

16. El fraccionamiento de contratos con el fin de utilizar indebidamente la excepción prevista en el párrafo 3 del artículo 5 se examina en el párrafo 18 de los Comentarios al art. 5:

> 18. … El umbral de los doce meses ha dado lugar a abusos; en ocasiones, las empresas (principalmente contratistas o subcontratistas que operan en la plataforma continental o están dedicados a actividades relacionadas con la prospección o la explotación de la citada plataforma) fraccionan los contratos en varias partes, cada una con una duración inferior a doce meses, y las atribuyen a sociedades diferentes pertenecientes, sin embargo, al mismo grupo. Además de la posibilidad de aplicar en tales casos, según las circunstancias, las distintas medidas internas bien de carácter legislativo o judicial sobre antielusión, los países afectados por estas prácticas pueden adoptar soluciones en el marco de las negociaciones bilaterales.

17. El test de los propósitos principales (PPT) que será añadido al Modelo de Convenio de la OCDE como resultado de la adopción del Informe de la Acción 6 (Impedir la utilización abusiva de convenios fiscales)[3] abordará las preocupaciones sobre la erosión de bases imponibles y el traslado de beneficios relacionadas con el fraccionamiento abusivo de contratos. Para dejar esto claro, el siguiente ejemplo será añadido a los Comentarios sobre la norma PPT. Para los Estados que no puedan abordar este asunto a través de medidas internas anti-abuso, se incluirá también una regla automática en los Comentarios como una disposición para ser introducida en los Convenios fiscales que no incluyeran la norma PPT o como una disposición alternativa a ser usada por los países especialmente preocupados con la problemática de la fraccionamiento de contratos.

CAMBIOS RELATIVOS AL FRACCIONAMIENTO DE CONTRATOS

1. Añadir el siguiente ejemplo a los Comentarios sobre la norma PPT propuesta en el Informe sobre la Acción 6:

Ejemplo J: RCO es una sociedad residente en el Estado R. Ha presentado con éxito una oferta para la construcción de una central eléctrica para SCO, una empresa independiente residente en el Estado S. Se espera que el proyecto de construcción se prolongue durante 22 meses. Durante la negociación del contrato, el proyecto se dividió en dos contratos distintos, cada uno de ellos con una duración de 11 meses. El primer contrato se concertó con RCO y el segundo con SUBCO, una filial de propiedad exclusiva de RCO, residente en el Estado R, constituida recientemente. A petición de SCO, que quería asegurar que RCO fuera responsable contractual de la ejecución de los dos contratos, los acuerdos contractuales prevén que RCO y SUBCO sean conjunta y solidariamente responsables del cumplimiento de las obligaciones de SUBCO en el marco del contrato celebrado entre SUBCO y SCO.

En este ejemplo, sin la concurrencia de otros hechos o circunstancias que demuestren lo contrario, sería razonable concluir que uno de los objetivos principales de la celebración del contrato específico, con arreglo al cual SUBCO convino en llevar a cabo una parte del proyecto de construcción, consistía en que tanto RCO como SUBCO obtuvieran el beneficio de lo dispuesto en el apartado 3 del artículo 5 del Convenio fiscal celebrado entre los Estados R y S. La concesión del beneficio previsto en esa norma en tales circunstancias sería contraria al objeto y finalidad de dicho párrafo ya que, de no ser así, el límite de tiempo previsto en ese apartado carecería de sentido.

2. *Sustituir el párrafo 18 de los Comentarios del apartado 3 del artículo 5 por lo siguiente (modificaciones consecuentes serán necesarias en los párrafos 42.45al 42.48 de los Comentarios):*

18. El criterio de los doce meses se aplica separadamente a cada obra o proyecto. Para determinar la duración de la obra o proyecto no se computará el tiempo que el contratista haya dedicado anteriormente a otras obras o proyectos sin relación con aquella o aquel. Una obra de construcción deberá considerarse como una unidad incluso si se basa en varios contratos, a condición de que constituya un todo coherente en el plano comercial y geográfico. Con esta condición, una obra de construcción constituirá una unidad incluso si los pedidos los han realizado varias personas (por ejemplo, para una hilera de casas tanto adosadas como no —row of houses—). (*El resto del párrafo se traslada al 18.1).*

18.1 El umbral de los doce meses ha dado lugar a abusos; en ocasiones, las empresas (principalmente contratistas o subcontratistas que operan en la plataforma continental o están dedicados a actividades relacionadas con la prospección o la explotación de la citada plataforma) fraccionan los contratos en varias partes, cada una con una duración inferior a doce meses, y las atribuyen a sociedades diferentes pertenecientes, sin embargo, al mismo grupo. Además de la posibilidad de aplicar en tales casos, según las circunstancias, las medidas internas bien de carácter legislativo o las doctrinas judiciales antielusión, ~~los países afectados por estas prácticas pueden adoptar soluciones en el marco de las negociaciones bilaterales.~~ ***estos abusos pueden ser también abordados a través de la aplicación de la norma antiabuso del apartado 7 del Artículo (X), como lo demuestra el ejemplo J en el párrafo 14 del Comentarios al Artículo (X). No obstante, algunos Estados pueden preferir tratar expresamente estos abusos. Además, los Estados que no incluyen el apartado 7 del Artículo (X) en sus Convenios fiscales deberían introducir una cláusula adicional para abordar el fraccionamiento de contratos. Esta cláusula, por ejemplo, podría ser redactada en los siguientes términos:***

Con el único propósito de determinar si se ha superado el periodo de 12 meses mencionado en el apartado 3,

> ***a) cuando una empresa de un Estado contratante realiza actividades en el otro Estado contratante en un lugar donde se realizan obras o proyectos de construcción o de instalación, y esas actividades se llevan a cabo durante períodos de tiempo que no superan los 12 meses, y***
>
> ***b) una o varias empresas estrechamente relacionadas con la primera empresa mencionada llevan a cabo actividades conectadas en el mismo lugar donde se realizan obras o proyectos de construcción o de instalación, durante diferentes períodos de tiempo, cada uno de los cuales excede de 30 días,***

esos diferentes períodos de tiempo se sumarán al período de tiempo en el cual la primera empresa mencionada llevó a cabo actividades en ese lugar donde se realizan obras o proyectos de construcción o de instalación.

El concepto de "empresas estrechamente relacionadas" usado en el artículo de más arriba se define en el subapartado b) del apartado 6 del Artículo (véanse los párrafos 38.8 a 38.10 más abajo).

18.2 A los efectos de la cláusula alternativa prevista en el párrafo 18.1, para determinar si las actividades están conectadas entre sí dependerá de los hechos y circunstancias de cada caso. Los factores que pueden ser relevantes especialmente a estos efectos son los siguientes:

- ***Si los contratos que cubren las distintas actividades fueron celebrados con la misma persona, o personas relacionadas;***
- ***Si la celebración de los contratos adicionales con una persona es una consecuencia lógica de un contrato previo firmado por dicha persona o persona relacionada;***

- ***Si las actividades habrían sido objeto de un único contrato en ausencia de consideraciones relativas a planificación fiscal;***
- ***Si la naturaleza del trabajo que implican los distintos contratos es la misma o similar;***
- ***Si los mismos empleados ejecutan las actividades previstas en los distintos contratos.***

2. Estrategias para la venta de seguros en un Estado sin tener un EP en el mismo.

18. Como parte del trabajo sobre la Acción 7, las preocupaciones del fenómeno BEPS relativas a situaciones en las que una amplia red de agentes exclusivos es usada para vender seguros de un asegurador extranjero, también fueron examinadas. Se concluyó finalmente, sin embargo, que sería inapropiado intentar abordar estas preocupaciones a través de una norma de EP, que tratase a los seguros de forma diferenciada de otros tipos de actividades empresariales, y que las preocupaciones de BEPS que pudieran presentarse en casos en los que una amplia red de agentes exclusivos es usada para vender seguros de un asegurador extranjero debería ser abordada a través de cambios más generales al apartado 5 del artículo 5 y del apartado 6 del artículo 5 en la sección A de este informe.

D. La atribución de beneficios a EPs y la interacción con las acciones relativas a precios de transferencia

19. El trabajo sobre la Acción 7 efectuado en relación con los aspectos de atribución de beneficios se centró en determinar si las reglas existentes del artículo 7 del Modelo de Convenio de la OCDE eran apropiadas para determinar los beneficios que serían atribuibles a los EPs resultantes de los cambios incluidos en este informe. La conclusión de ese trabajo es que esos cambios no requieren modificaciones sustantivas de las normas existentes ni de las orientaciones concernientes a la atribución de beneficios a un estableciendo permanente bajo el artículo 7, pero se constata la necesidad de una orientación adicional sobre la aplicación de las reglas del artículo 7 a los establecimientos permanentes resultantes de los cambios en este informe, en particular, para establecimientos permanentes al margen del sector financiero. Asimismo, existe también la necesidad de tomar en cuenta los resultados del trabajo en otras partes del Plan de Acción BEPS, en particular, las referidas a materias de precios de transferencia, y más específicamente, a intangibles, riesgo y capital.

20. No obstante, en términos realistas, el trabajo sobre la atribución de beneficios relativos a la Acción 7 no pudo ser emprendido antes de que se hubiese culminado el trabajo sobre la Acción 7 y sobre las Acciones 8-10. Por esta razón, y en base a los múltiples comentarios que han subrayado la necesidad de una orientación adicional sobre el tema de la atribución de beneficios a EPs, se llevará a cabo un trabajo de seguimiento sobre los temas de atribución de beneficios relativas a la Acción 7 a partir de septiembre de 2015, con miras a ofrecer la orientación necesaria antes del fin de 2016, que es la fecha límite para la negociación del instrumento multilateral que implementará los resultados del trabajo que se relacionan con los Convenios fiscales, encargados por el Plan de Acción BEPS.

Notas

1. Véase Párrafo 14 de los Comentarios sobre la norma PPT incluida en el Párrafo 26 de aquel Informe.

2. Véanse www.oecd.org/tax/treaties/48836726.pdf (Documento de trabajo de 2011) y www.oecd.org/ctp/treaties/PermanentEstablishment.pdf (Documento de trabajo de 2012).

3. Véase el párrafo 14 de los Comentarios sobre la norma PPT, incluida en el párrafo 26 del Informe sobre la Acción 6.

Referencias

OCDE (2016a), *Impedir la utilización abusiva de convenios fiscales, Acción 6 – Informe final 2015*, Proyecto de la OCDE y del G-20 sobre la Erosión de la Base Imponible y el Traslado de Beneficios, OCDE Publishing, París.

OCDE (2016b), *Abordar los desafíos fiscales de la economía digital, Acción 1 – Informe final 2015*, Proyecto de la OCDE y del G-20 sobre la Erosión de la Base Imponible y el Traslado de Beneficios, OCDE Publishing, París.

OCDE (2014), *Model Tax Convention on Income and on Capital: Condensed Version 2014*, OCDE Publishing, París, http://dx.doi.org/10.1787/mtc_cond-2014-en.

OCDE (2013a), *Plan de acción contra la erosión de la base imponible y el traslado de beneficios*, OCDE Publishing, París, http://dx.doi.org/10.1787/9789264207813-es.

OCDE (2013b), *Lucha contra la erosión de la base imponible y el traslado de beneficios*, OCDE Publishing, París, http://dx.doi.org/10.1787/9789264201224-es.

ORGANIZACIÓN DE COOPERACIÓN Y DE DESARROLLO ECONÓMICOS (OCDE)

La OCDE constituye un foro único en su género, donde los gobiernos trabajan conjuntamente para afrontar los retos económicos, sociales y medioambientales que plantea la globalización. La OCDE está a la vanguardia de los esfuerzos emprendidos para ayudar a los gobiernos a entender y responder a los cambios preocupaciones del mundo actual, como el gobierno corporativo, la economía de la información y los retos que genera el envejecimiento de la población. La Organización ofrece a los gobiernos un marco en el que pueden comparar sus experiencias políticas, buscar respuestas a problemas comunes, identificar buenas prácticas y trabajar en la coordinación de políticas nacionales e internacionales.

Los países miembros de la OCDE son: Alemania, Australia, Austria, Bélgica, Canadá, Chile, Corea, Dinamarca, Eslovenia, España, Estados Unidos de América, Estonia, Finlandia, Francia, Grecia, Hungría, Irlanda, Islandia, Israel, Italia, Japón, Luxemburgo, México, Noruega, Nueva Zelanda, Países Bajos, Polonia, Portugal, Reino Unido, República Checa, República Eslovaca, Suecia, Suiza y Turquía. La Comisión Europea participa en el trabajo de la OCDE.

Las publicaciones de la OCDE aseguran una amplia difusión de los trabajos de la Organización. Éstos incluyen los resultados de la compilación de estadísticas, los trabajos de investigación sobre temas económicos, sociales y medioambientales, así como las convenciones, directrices y los modelos desarrollados por los países miembros.

OECD PUBLISHING, 2, rue André-Pascal, 75775 PARIS CEDEX 16
(23 2015 34 4 P) ISBN 978-92-64-25774-0 – 2016

www.ingramcontent.com/pod-product-compliance
Lightning Source LLC
LaVergne TN
LVHW081424110826
845149LV00010B/1862
9789264257740